신을 기다리며

Copyright ⓒ 이세진 2015

신을 기다리며

시몬 베유 지음 | 이세진 옮김

1판 1쇄 찍음 2015년 3월 27일

펴낸곳 | 이제이북스 펴낸이 | 전응주
출판등록일 | 2001년 6월 26일 등록번호 | 제10-2178호
주소 | 121-883 서울 마포구 토정로 28 한이빌딩 502호
대표 전화 | 333-7126 팩시밀리 | 333-3675
이메일 ejbooks@korea.com
트위터 @ejb_pub
페이스북 facebook.com/ejb.pub

ISBN 978-89-5644-130-6 (03230)

이 도서의 국립중앙도서관 출판예정도서목록(CIP)은 서지정보유통지원시스템 홈페이지(http://seoji.nl.go.kr)와 국가자료공동목록시스템(http://www.nl.go.kr/kolisnet)에서 이용하실 수 있습니다. (CIP제어번호 : CIP2015008646)

신을 기다리며

Attente de Dieu

시몬 베유 지음
이세진 옮김

차 례

J. -M. 페랭의 서문   7

편지
  편지 1. 세례 받기를 주저하다(1)   19
  편지 2. 세례 받기를 주저하다(2)   27
  편지 3. 출발을 앞두고   33

고별의 편지
  편지 4. 영적 자서전   39
  편지 5. 지적 소명   63
  편지 6. 막바지의 생각   67

에세이
  신에 대한 사랑이라는 관점에서
    학과 공부의 올바른 효용을 논함   83
  신을 향한 사랑과 불행   93
  신에 대한 암묵적 사랑의 형태들   111
  주기도문에 대하여   185
  노아의 세 아들과 지중해 문명사   197

부록
  J. -M. 페랭에게 보낸 편지(부분)   215
  귀스타브 티봉에게 보낸 편지(발췌)   218
  모리스 슈만에게 보낸 편지(발췌)   220

옮긴이의 글   221

J. -M. 페랭의 서문

《신을 기다리며(Attente de Dieu)》라는 제목으로 한데 모은 이 책의 본문은 시몬 베유가 나에게 남겨 준 가장 아름다운 글로 꼽히는데, 전부 1942년 1월에서 6월 사이에 쓴 글이다. 이 책은 그 전해 6월부터 그리스도에게 끌리고 있던 그녀와 13년째 사제의 길을 걷던 내가 줄곧 진리에 귀 기울이며 나누어 왔던 대화와 웬만큼 관련이 있다.

1949년에 나는 시몬 베유의 내적 경험과 진면목을 보여 주는 글들을 세상에 알리고자 이 텍스트, 특히 가장 아름다운 부분에 해당하는 편지의 출간에 동의했다. 그러나 이 출간의 이유는 무엇보다, 그녀가 우리의 여러 차례 만남에서 뚜렷이 피력한 바람대로, 다른 사람들에게도 이 대화에 들어올 여지를 주기 위해서였다. 우리는 그런 얘기를 자주 나누었고 내가 그 증인이다. 시몬은 그러한 생각에서 이 글들, 그리스도교 이전 시기의 직관에 대한 글들을 내게 보냈다. 시몬은 작별을 고하는 편지에서 그러한 심중을 토로했다. "이 글에 관심을 기울여 주십사 간청할 상대가 저로서는 신부님밖에 없습니다. 신부님께서 그토록 아낌없이 베풀어 주셨던 자비를 제 안에 품은 것, 저 자신보다 더 중요한 그것에 베풀어 주시기 바랍니다."

'신을 기다리며'라는 제목을 고른 이유는 이 말이 시몬에게 각별했기 때문이다. 그녀는 이 말에서 긴장을 늦추지 않고 주인이 돌아오기를 늘 깨어 기다리는 종을 연상했다. 또한 이 제목은 그녀가 새로운 영적 발견(신비체험)을 하고 나서 심히 괴로워했던 기다림의 상태, 그 미완의 성격을 나타낸다.

이 책은 애초에 출간을 염두에 두고 저자와 별개로 살아가게끔 쓰여진 글이 아니기 때문에 간략하게라도 이러한 언급이 필요하겠다. 이 글, 특히 편지들은 그녀 자신의 일부라고 해도 과언이 아니므로 오히려 그녀의 탐색, 변화, 나아가 그녀가 나누었던 대화와 연관해서만 제대로 이해할 수 있다.

시몬 베유는 1909년 2월 3일, 파리에서 태어났다. 그녀는 어떤 종교교육도 받지 않았다. "부모님과 오빠는 완벽한 불가지론으로 저를 키우셨습니다."(편지4) 시몬은 유독 어릴 때부터 불쌍한 사람들에게 연민 어린 애정을 품었다. 1914년 전쟁 당시 그녀는 고작 다섯 살밖에 안 됐지만 어느 병사의 전시 대모[1] 노릇을 하면서 불행과 비참을 발견했다. 그때부터 자기 몫의 각설탕을 한 조각도 먹지 않고 전선에서 고통받는 군인들에게 전부 다 보내야 한다며 고집을 부렸다. 이러한 연민의 남다른 성격을 이해하려면 — 이 성격은 평생 그녀의 가장 두드러진 면모로 남게 되는데 — 그녀가 물질적 풍요, 넉넉한 정신적 도량, 부모님의 변함없는 사랑으로 양육받았다는 점을 유념해야 한다.

지적으로 조숙했던 시몬 베유는 학업에서 여러모로 두각을 나타냈다. 뒤뤼(Duruy) 고등학교에서 르네 르 센(René Le Senne)에게 철학 수업을 들었고, 앙리 4세 고등학교에서 고등사범학교 진학을 준비하면서 철학자 알랭(Alain)[2]에게 깊은 영향을 받았다. 1928년에 열아홉 살의 나이로 고등사범학교에 입학했고, 스물두 살이 되던 1931년에 교수자격시험을 통과했다.

---

1. 일선 장병에게 위문품이나 편지를 보내는 일종의 봉사 활동.
2. 본명은 에밀 오귀스트 샤르티에(Emile Auguste Chartier). 고등사범학교를 졸업하고 철학 교사와 에세이 작가로 활동했다.

교사 생활을 하는 동안 시몬 베유는 반(反)종교사상가(antitala)[3]의 면모가 두드러졌다. 한 친구가 가톨릭에 귀의하자 몇 달간 그 친구와 사이가 틀어졌을 만큼 당시 그녀는 종교에 반감이 컸다고 한다. 시몬은 신 문제를 제기하기를 원치 않았고 숙명의 수수께끼를 풀지 못한 채 그저 철저한 불가지론자로서 교사 생활과 인도주의적 활동에 접근했다. 노조 운동과 프롤레타리아 혁명을 접한 것도 같은 시기다. 이때부터 시몬은 부단히 노조 운동가들과 혁명가들의 활동에 협력했으나 어느 정당에도 가입하지 않았고 나에게도 자기가 어떤 거물들을 조우하고 도움을 주었는지, 자신이 어떤 역할을 담당했는지 일절 말하지 않았다. 사제는 자신이 인류의 모든 진보와 무관치 않다고 느끼되 정치적 문제와는 가급적 거리를 두어야 한다는 내 생각을 그녀는 알고 있었다. 그녀는 불행한 사람들을 사랑하는 마음이 무엇보다 두드러졌다. 그녀와 사회운동을 함께 했던 한 젊은 노동자는 나에게 이렇게 말했다. "시몬은 결코 정치를 하지 않았습니다." 그리고 덧붙이기를 "세상 사람이 다 그녀 같다면 불행한 사람은 없을 거예요."라고 했다. 가엾은 이들에 대한 연민은 그녀의 웅숭깊은 삶의 본질적 특징이었다.

첫 부임지는 르 퓌(Le Puy)였다. 여기서 그녀는 불쌍한 사람들과 기탄없이 사실상 하나가 되기 시작했다. 노동자들은 실업수당권을 쟁취하기 위해서 매우 고달픈 작업을 해야만 했다. 시몬은 노동자들이 극악의 노동에 시달리는 모습을 보았다. 시몬은 그들과 함께, 그들과 똑같이 곡괭이를 들고 일하길 원했다. 나는 정확히 모르지만, 노동자들이 도청에 요구를 관철하는 과정에도 그녀는 함께했다. 그때부터 자신은 실업수당에 해당하는

---

3. 파리 고등사범학교 출신들이 즐겨 쓰는 은어 중 하나. anti(contre)+tala(religion)의 의미.

금액으로만 생활하고 남는 돈은 모두 남들에게 주었다. 이 젊은 철학 교사가 월급을 받는 날이면 새로운 친구들이 그녀의 집에 몰려들었다. 나중에 그녀는 자신의 시간을, 그녀가 열정적으로 사랑하는 책들을 마다하고 쥐어짜 낸 시간을, 한없이 내어 주면서까지 블롯[4] 놀이를 하거나 함께 노래를 부르면서 정말로 그 무리의 일원이 되려고 노력했다.

그렇지만 시몬은 만족하지 못했다. 정말로 사랑하는 사람에게는 연민의 감정이 고문과도 같다. 1934년에 그녀는 평생 노동자로서 살기로 결심했다. 그녀는 그로써 굶주림, 피로, 매정한 거부, 연속 공정 노동의 압박감, 실업에 대한 불안을 몸소 겪었다. 시몬에게 그것은 일개 '경험'이 아니라 현실적이고 전적인 육화(肉化)였다. 그녀의 '노동일지'는 통절한 증언이다. 시험은 그녀의 힘에 부쳤다. 시몬의 영혼은 이러한 불행을 의식함으로써 짓눌린 듯했고 그 후유증은 평생을 따라다녔다.

1936년에 스페인 내전이 일어나자 시몬은, 당시 현장 파업(프롤레타리아 혁명의 사안들)에 깊이 관여하고 있었으나, 주저 없이 바르셀로나 전선으로 떠났다. 그러나 그녀가 기민하게 행동하지 못한 탓에 (뜨거운 기름에 화상을 입는) 사고가 있었고 즉시 귀국 조치를 당했다. 전우들에 대해 증언하기 위해서라면 모를까, 시몬은 당시 자기가 입은 사고를 절대 입에 올리지 않았다.

1938년에 시몬은 솔렘에서 성(聖)주간을 보냈고 몇 달 후 인생을 바꿔 놓을 신비체험을 했다. "그리스도가 내려와 나를 안아 주셨습니다." 시몬이 조심스럽게 비밀을 고수했기 때문에 그 신비체험이 정확히 언제 일어났는지 파악하기는 어렵다. 개인적으로 쓴 글에도 그 얘기는 없다. 본인이

---

4. belote, 카드놀이의 일종.

나에게 직접 말하고 편지에도 쓴 대로, 조에 부스케(Joë Bousquet)에게 보내는 편지에서만 그 일을 넌지시 언급했을 뿐, 아주 가까운 사람들에게도 털어놓지 않은 듯하다. 그녀가 암중모색과 생각의 동요를 거쳤고 다시는 예전으로 돌아가지 못했다는 것만은 확실하다. 시몬은 전에 없던 감정을 느꼈고 세상을, 세상의 시정(詩情)과 종교적 전통을, 무엇보다도 자신이 특히 힘쓰던 불행한 사람들을 돕는 일을 완전히 새로운 눈으로 보게 되었다.

그러다 전쟁이 터졌다. 파리의 비무장도시 선언 이후 그녀는 마르세유로 내려갔다. 유대인들에게 떨어진 행정 조치 때문에 그곳까지 내려가야만 했던 것이다. 시몬은 1941년 6월에 나를 만나러 왔다. 만난 지 얼마 안 됐을 때 그녀는 농민 프롤레타리아의 노동과 생활 조건에 동참하고 싶다는 뜻을 밝혔다. 생각 없는 발상이 아니라 깊은 의지에서 우러난 진심이라는 것은 금세 알 수 있었다. 그래서 나는 귀스타브 티봉에게 시몬을 도와주라고 당부했다. 그녀는 몇 주간 론 계곡에 체류하며 고되기로 소문난 포도원 일을 했다.

마르세유에서 지낸 이 몇 달을 어떻게 얘기해야 할까? 그녀는 극도로 신중했다. 이념을 논할 때의 단조롭고 완강한 말투 뒤에는 극도로 신중하고 수줍은 영혼이 숨어 있었다. 그녀는 자기 자신이나 자기 활동에 대해서 거의 말하지 않았다. 그렇지만 그녀가 어떻게 눈에 띄지 않겠는가?

시몬의 문학 활동으로는 《카이에 뒤 쉬드(Cahier du Sud)》 편집진과 접촉하며 에밀 노비스(Emile Novis, 그녀 이름의 애너그램)라는 가명으로 글을 기고했던 것을 들 수 있다. 여기에 〈일리아스 혹은 힘의 시〉, 〈서사시를 통해서 조명한 한 문명의 종말〉, 〈오크 문학의 영감은 무엇에 있는가〉를 비롯하여 몇 편의 시를 발표했다. 이에 그치지 않고 자신의 가장 귀한 시간을 플라톤 번역,《그리스도교 이전 시대의 직관》이라는 이름으로 묶여서 나온 피타고라스학파의 텍스트에 바쳤다. 이 책에 실린 에세이들도 그러한 시간에 쓴 것이다. 시몬은 이 글들을 몇몇 친구에게 읽어 주었다. 그런 가까운 이들과의 모임에서 시몬은 자신의 그리스 사랑, 위대한 신비주의자들이 도달한 실재의 경지를 각별히 전하고 싶어 했다.

당시에 그녀가 탐독했던 책이 레츠 추기경의 회고록과 아그리파 도비녜의《비가(Les Tragiques)》였다는 점은 주목할 만하다.

독서와 글쓰기가 그녀의 삶을 채워 주지는 못했다. 시몬은 정신적 기호(嗜好), 연민의 의지 때문에라도 가장 불행한 자들과 동떨어져 살아갈 수 없었다. 시몬은 그들을 제대로 알고 도와주기 위해서 그들을 찾아 나섰고 그들과 한데 어울렸다. 특히 동원 해제되어 조국에 돌아가기를 고대하는 베트남인 병사들에게 각별한 관심을 기울였다. 시몬은 부당한 처사에 시달리는 그들의 사정을 알고는 멋지게 요구를 관철하여 병영 책임자를 좌천시키기도 했다!

어떤 상황에서는 인간들에 대한 사랑이 그녀의 목숨을 구했다. 드골주의자로 체포되어 장기간 심문에 시달리고 "철학 선생인 그녀가 창녀들과 함께 옥살이를 하게 될 거라는" 위협을 받았을 때 시몬이 이렇게 말하자 모두들 대경실색했다. "항상 그 바닥을 알고 싶었어요. 그 세계에 들어가려면 옥살이 외에는 다른 방법이 없다는 걸 몰랐네요." 이 말을 듣고 판사는 비서관에게 이 미친 여자를 그냥 풀어 주라고 지시했단다!

우리는 비밀결사에 몸담고 있었는데, 시몬은 '그리스도의 증언'[5] 운동을

---

5. Témoignage chrétien. 독일 강점기에 프랑스 레지스탕스가 그리스도교 정신에 기초하여 펼친 저항운동으로, 동명의 주간지를 발행했다.

널리 전파하는 데 몰두했다. 그녀는 당시의 다른 운동들보다 이 운동을 선호했다. 훗날 그녀는 독일 점령 하의 프랑스에 낙하산을 타고 침투한다는 계획을 성사시키기 위해서 이 운동 조직원들과의 유대를 이용하기도 한다. 그 일 때문에 모리스 슈만에게 편지도 썼다. "지금의 프랑스로서는 그게 단연 최선이라고 생각해요. 그들에게 어떤 불행도 미치지 않기를 바랍니다!"

그러나 그녀는 여전히 종교 문제에 깊이 빠져 있었다. 그녀의 얼굴을 미사 시간에 발견하고 기뻐하는 친구들과 토론을 나누었고, 주의 깊게 복음서를 탐독했다. 그녀는 자주 나를 만나러 왔고 가끔은 좀 더 호젓한 시간을 갖기 위해 평일 새벽 미사에도 나왔다. 나에게 "제 마음은 제단 위의 거룩한 성사로 영원히 넘어갔습니다. 제 바람은 그렇습니다."라고 편지를 보낸 것도 이 시기가 아니었던가. 이 문장은 교회의 살아 있는 침묵이 그녀의 마음을 얼마나 끌어당겼는지 많은 것을 말해 준다.

마르세유에서의 시간은 빠르게 흘러갔다. 1942년 3월에 나는 몽펠리에로 발령이 났지만 그래도 마르세유를 자주 방문했고, 시몬이 미국으로 떠나기 전까지 몇 차례나 만났다. 그 이별을 앞두고 더없이 아름다운 편지들을 받았다. 1942년 5월 16일에 그녀는 부모님과 함께 배에 몸을 실었다.

시몬은 뉴욕에 도착한 후 런던 임시정부의 부름을 받기 위해서 옛 친구들과 인맥을 총동원했다. 그녀는 프랑스를 떠난 것을 흡사 탈영처럼 여기며 괴로워했고 이렇게 호소했다. "제발 부탁입니다. 런던에 갈 수 있게 해 주세요. 제가 여기서 번민하며 말라 죽지 않게요!" "이 그악스러운 정신적 고통에서 벗어날 수 있도록 부디 저를 도와주세요." "간절히 부탁드립니다. 제가 부디 쓸모 있는 고통과 위험을 겪게 해 주세요. 아무짝에도 쓸모없는 슬픔으로 말라 죽지 않게 해 주세요. 이런 식으로는 도저히

살 수 없습니다. 이제라도 곧 절망에 빠질 것 같아요."(모리스 슈만에게 보낸 편지)

그래도 혜택 받지 못한 자들에 대한 그녀의 사랑은 여전했다. 그녀는 한 친구에게 이렇게 썼다. "할렘을 돌아다녔어. 일요일마다 할렘의 침례교회에 나가거든. 그 교회에 백인은 나밖에 없어." 시몬은 젊은 흑인 여성 친구들을 사귀고 자기 집으로 초대했다. 시몬을 잘 알았던 그 친구는 나에게 이렇게 말했다. "시몬이 계속 뉴욕에 있었으면 틀림없이 흑인 여자가 다 됐겠지요!"

그러나 시몬의 마음은 우주에 있었다. "지구상에 널리고 널린 불행에 강박적으로 괴로워하다 보니 나의 능력은 다 헛것이 되었습니다. 내가 직접 큰 고통과 위험을 짊어지지 않는 한, 그 능력을 되찾을 수도 없고 이 강박을 떨칠 수도 없습니다. 그 조건이 충족되어야만 내가 일을 할 수 있겠습니다."(모리스 슈만에게 보낸 편지)

그녀는 런던에 1942년 11월말에 도착했지만 잔인한 실망을 맛보았다. 그녀의 목표는 하나뿐이었다. 다른 이들의 목숨을 구하기 위해서든, 어떤 방해 공작을 펴기 위해서든, 하여간 위험하고 수고스러운 임무를 맡아 보람 있는 희생을 하겠다는 목표. 시몬은 격앙된 목소리로 요구했고, 거듭 편지로 간청했다. "저는 염치없고 무분별한 거지처럼 굴지 않을 수 없습니다. 거지처럼 제게 필요한 것을 주십사 외칠 뿐, 논리적으로 제 주장을 펼 줄 모릅니다." 그 청을 들어준다는 것은 신중치 못한 처사였다. 그녀는 사고력을 요하는 몇 가지 작업에 투입되었다. 그리하여 시몬은 샌드위치 한 조각으로 겨우 연명만 하면서 밤늦게까지 책상에 매여 일을 했고, 지하철 막차가 끊기면 책상에 엎드리거나 맨바닥에 누워 눈을 붙였다.

그녀는 '임무'를 얻고자 고집스레 청하면서 이렇게 썼다. "제가 여기서 쏟아 붓는 노력은 머지않아 삼중의 한계에 부딪힐 것입니다. 일단 정신적 한계가 있습니다. 어울리지 않는 일을 하고 있다는 괴로움이 너무 커서 제가 원치 않더라도 결국 제 생각은 속박당할 겁니다. 지적인 한계도 있습니다. 제 생각은 구체적인 것으로 내려가는 순간 대상을 찾지 못하고 멈춰 버릴 것입니다. 셋째 한계는 신체적인 것입니다. 정말 너무 힘듭니다."

어이할거나, 이 말을 사실로 입증하는 사건이 일어나고 말았으니! 4월, 현실을 깨닫고 그녀를 미들섹스 병원에 입원시켜야 했다. 이 병원의 치료와 간호는 과로와 영양실조로 극도로 쇠약해진 시몬의 몸을 회복시키기에 역부족이었다. 그녀는 시골로 가고 싶다는 바람대로 애시포드 요양원에 이송되었지만 결국 1943년 8월 24일에 세상을 떠났다.

시몬이 죽기 몇 주 전에 썼던 글들을 통해서 보건대, 그녀는 충일한 가톨릭 신앙과 여전히 여러 면에서 거리가 있었고, 오로지 죽음만이 아직도 멀게만 보이는 그 진리로 자신을 인도해 주리라 마음 깊이 느끼고 있었던 듯하다. 그녀는 항상 자신에게 보이지 않는 점들에 주의를 집중하고 그 점들에서 빛을 얻으려 했다.† 마르세유 체류에서도 그녀는 그런 식으로 자기 삶을 지배하는 윤곽선을 의식했고, 그것이 《신을 기다리며》의 바탕이 되었다.

J. -M. 페랭

---

† Simone Weil, *Pensées sans ordre concernant l'amour de Dieu*, éd. Gallimard.

편 지

편지 1. 세례 받기를 주저하다(1)

편지 2. 세례 받기를 주저하다(2)

편지 3. 출발을 앞두고

1942년 1월 19일에서 5월 26일 사이에 쓴 편지들이다. 내가 시몬 베유와 나누었던 대화를 전형적으로 잘 보여 주는 편지들이라고 보기는 뭐하다. 사실 그녀는 1941년 6월에 처음 나를 만나러 왔고, 나는 몽펠리에로 부임한 후에도 곧잘 마르세유에 가서 그녀를 만나곤 했다.

편지 1
세례 받기를 주저하다(1)

1942년 1월 19일

친애하는 신부님께,

적어도 상황이 변하기 전까지는 제 경우를 두고 나누었던 얘기를 매듭짓기 위해서 편지를 쓰기로 마음먹었습니다. 저 자신이라는 보잘것없는 주제로 얘기를 하려니 진이 빠지네요. 그렇지만 신부님께서 자애로운 관심을 보여 주시니 저로서는 얘기를 하지 않을 수 없습니다.

저는 요즘 하느님의 뜻에 대해서 생각했습니다. 하느님의 뜻이 어떤 것인지, 우리가 어떻게 하느님의 뜻에 완전히 순응할 수 있는지 궁금했습니다. 이에 대한 제 생각을 말씀드릴게요.

일단 세 개의 영역을 구별해야 합니다. 첫째, 우리가 결코 어찌할 수 없는 영역이 있습니다. 지금 이 순간 우주 전체에 이미 일어난 모든 사태, 현재 이루어지는 과정 중에 있거나 장차 우리 힘이 미치지 않을 곳에서 일어날 모든 것이 여기에 포함됩니다. 이 영역에서 일어나는 모든 것이 전부 하느님의 뜻입니다. 여기서는 필히 모든 것을 전체로서, 그러면서도 세세하게 사랑해야 합니다. 여기에는 온갖 형태의 악도 포함됩니다. 특히 우리가 과거에 저지른 죄도 이미 과거가 되었다면 사랑해야 하고(죄의 뿌리가 여전히 남아 있다면 물론 그 죄는 미워해야겠지요) 과거와 현재와 미래의 수난, 우리가 꼭 덜어주어야 한다고 요청받지 않은 타인의 수난까지도 — 이게 단연 가장 어려운 일인데 — 사랑해야 합니다. 달리 말하자면, 손이 펜대와 펜촉을 통해서 종이라는 물질을 분명하게 느끼듯 우리는 외부의 모든 사물을 통하여 신의 실재와 임재를 느껴야 합니다.

둘째 영역은 의지의 지배를 받는 영역입니다. 여기에는 순전히 자연적이고, 친숙하고, 지성과 상상으로 쉽게 표상할 수 있는 것들이 속합니다. 이것들 중에서 유한하고 일정한 목적에 걸맞게 밖에서부터[1] 수단을 선택하고 배치하고 조합할 수 있습니다. 이 영역에서 명백한 의무로 보이는 것은 모두 틀림없이 재깍 수행해야 합니다. 의무가 명백히 보이지 않거든 때로는 다소 임의로 선택되었을지언정 이미 정해진 법칙을 준수해야 합니다. 또 때로는 자기 성향을 따라야 하지만 어디까지나 제한은 있어야 합니다. 가장 위험한 죄의 하나, 아니 꼭 집어 가장 위험한 죄가 바로 본질적으로 유한한 영역에 무한을 집어넣는 것이니까요.

셋째 영역에는, 의지의 지배를 받지 않고 자연의 의무와도 무관하되 그럼에도 우리와 완전히 별개는 아닌 것들이 포함됩니다. 바로 이 영역에서 우리는 하느님께 구속당합니다. 구속당할 자격이 있다는 조건하에서, 딱 그 자격만큼 구속을 당하는 거죠. 신은 집중력과 사랑으로 당신을 생각하는 영혼에게 보답하는데, 집중력과 사랑에 수학적으로 비례하는 준엄한 구속이 바로 그 보답입니다. 그 압력에 자신을 내맡기고 그 압력이 등을

---

1. 여기에 속한 것들 자체에서 출발하지 않고 외부에서 이것들을 선택, 배치, 조합할 수 있다는 뜻으로 보인다.

떠미는 바로 그곳을 향해 나아가야 하며, 한 걸음이라도, 설령 선한 방향으로라도, 거기서 더 나아가서는 안 됩니다. 늘 더 큰 사랑과 집중으로 신을 생각하고, 그로써 점점 더 떠밀리면서 영혼의 점점 더 많은 부분을 구속당해야 합니다. 영혼이 깡그리 구속당할 때 우리는 완전함의 경지에 도달합니다. 그러나 어떤 단계에 있든지 우리는 부득이하게 떠밀려 행하는 일 이상을 해서는 안 됩니다. 심지어 그것이 선을 행하는 길이라고 해도요.

성사(sacrement)의 본질에 대해서도 생각해 보았기에 그에 대해서도 말씀드리려 합니다.

성사는 신과의 접촉, 즉 신비롭고도 실질적인 접촉이라는 면에서 일종의 불가사의와도 같은 특수한 가치를 띱니다. 그러면서도 성사는 상징과 의식이라는 면에서 순전히 인간적인 가치도 있지요. 이 둘째 측면에서의 성사는 일부 정당(政堂)들의 노래, 몸짓, 강령과 본질적으로 다르지 않습니다. 적어도 그 자체의 본질은 다를 바 없다는 얘깁니다. 물론 성사가 바탕으로 삼는 가르침은 대단히 다르죠. 신자들은 대개 성사를 상징과 의식으로서만 접하는 것 같습니다. 심지어 절대로 그렇지 않다고 굳게 믿는 신자들까지도요. 뒤르켐의 이론은 종교적인 것과 사회적인 것을 혼동하는 우를 범했지만 분명히 맞는 말도 했습니다. 사회적 감정은 종교적 감정으로 착각하기 쉬울 만큼 실제로 종교적인 구석이 있다는 얘깁니다. 마치 가짜 다이아몬드가 진짜 다이아몬드와 똑같아 보이듯, 초자연적인 분별력이 없는 사람은 실제로 착각을 하고 말지요. 사실, 상징과 의식으로서의 성사에 사회적으로나 인간적으로 참여하는 것은 건전하고 좋은 일이죠. 그 길을 따라가는 모든 이들의 여정에서 성사가 일종의 숙영지가 되니까요. 하지만 이건 성사 자체에 참여하는 게 아닙니다. 저는 어느 정도 영적 수준을 넘어선 사람들만이 성사 자체에 참여할 수 있다고 생각합니다. 그 수준에 미치지 못한 이들은 무엇을 하건, 거기에 도달하기 전까지는 엄밀히 말해 교회에 속하지 않습니다.

그런데 저는 이 영적 수준에 미치지 못한 것 같습니다. 그래서 일전에 저는 성사에 참여할 자격이 없는 것 같다고 말씀드렸지요. 신부님은 제가 투철한 양심의 소유자라서 그런 생각을 하는 줄 아시지만 그게 아닙니다. 오히려 행위 및 인간관계상의 아주 분명한 잘못, 신부님도 분명히 동의하실 만큼 심각하고 부끄러운 잘못, 심지어 제가 꽤 자주 저지르는 잘못을 아니까 그렇게 생각한 거죠. 그리고 제가 많이 부족하다는 전반적인 감정도 그 이상으로 크게 작용했습니다. 겸손해서 하는 이야기가 아닙니다. 제가 만약 겸손의 미덕을, 가장 아름답게 여길 만한 그 미덕을 지녔다면 비참하리만치 부족한 이 상태에 있지도 않겠지요.

저와 관련된 얘기를 마무리하고자 이 말씀을 드립니다. 제가 교회 밖에 머무는 이유는 제가 불완전한 상태에 있기 때문이거나, 그게 아니면 제 소명과 하느님의 뜻이 상반되기 때문입니다. 전자의 경우, 제가 직접 어찌할 수는 없고 오직 간접적으로만, 즉 은총의 도움으로 제가 덜 불완전하게 되어야만 해결이 됩니다. 그렇게 되려면 자연적인 것의 영역에서 과오를 저지르지 않도록 노력하는 한편, 더 큰 사랑과 집중으로 하느님을 생각해야겠지요. 저의 입교(入教)가 하느님 뜻이라면 제가 그분께 구속당할 자격을 갖추는 바로 그때 신께서 당신 뜻을 제게 강요하실 거예요.

후자의 경우, 즉 저의 입교가 하느님의 뜻이 아니라면 제가 어떻게 교회에 들어가겠어요? 신부님께서 거듭 말씀하셨듯이, 적어도 그리스도교 국가에서는 세례가 구원의 공통 경로이고 저만을 위한 구원의 예외적

길이 있을 이유가 결코 없다는 것은 저도 잘 압니다. 그건 자명한 얘기죠. 그렇지만 그 공통 경로를 거치는 것이 사실상 제 몫이 아니라면 어떻게 해야 할까요? 신께 복종하면 지옥에 떨어지고 반대로 신에게 불복하면 구원을 받는 상황을 가정할 수 있다면 저는 그러한 상황에서도 복종을 택할 거예요.

제가 지금 교회에 들어가는 것은 하느님의 뜻이 아닌 것 같습니다. 그 이유는 이미 말씀드린 대로이며 지금도 정녕 그렇습니다. 주의, 사랑, 기도의 순간이라고 해서 입교를 저어하는 마음이 다른 때보다 결코 덜하지 않기 때문입니다. 하지만 신부님께서 제가 털어놓은 생각이 교회에 대한 소속과 공존할 수 없는 것은 아니고 제가 영적으로는 교회 밖에 있지 않다고 말씀해 주셨을 때에는 정말로 기뻤어요.

저는 여전히 의문을 품지 않을 수 없습니다. 인류의 대부분이 유물론에 빠져 있는 작금의 시대에 하느님께서 당신과 그리스도에게 속하되 교회 밖에 남아 있는 사람들이 있기를 원하시지는 않을까요.

어쨌든 저의 입교를 조만간 일어날 수 있는 구체적인 일로 떠올릴 때면, 저 많고도 많은 불행한 무신론자들에게서 멀어진다는 생각이 무엇보다 제일 괴롭습니다. 제게는 본질적으로 온갖 계층의 사람들 틈으로 들어가 그들과 더불어 지내고, 양심에 거리낄 것이 없는 한 그들과 똑같은 모습을 취하고, 저는 그들 속에 묻히고 그들은 제게 꾸밈없이 그들 본연의 모습을 보여 주기를 바라는 욕구가 있습니다. 그것이 저의 소명이라고까지 말할 수 있다고 생각해요. 그들을 있는 그대로의 모습으로 알고 사랑하기를 바라마지 않습니다. 있는 그대로의 그들을 사랑하지 않는다면 제가 사랑하는 대상은 그들이 아니요, 제 사랑 또한 참된 것이 아닙니다. 그들을 제가 돕는다는 말이 아닙니다. 안타깝지만 지금까지 전혀 그럴 수가 없었으니까요. 어떤 경우에도 제가 교단에 들어가 수도복을 입고 보통 사람들과 동떨어진 모습으로 살아가는 일은 없을 겁니다. 보통 사람들과 격리되더라도 큰 문제가 되지 않는 이들도 있습니다. 그들은 순수한 영혼을 타고 났기에 애당초 평범한 사람들과 구별되어 있었으니까요. 반면에 저는 이미 말씀드렸듯이 온갖 죄의 씨앗을 속에 품고 있습니다. 특히 신부님께 말씀드렸던 그 여행에서 이 사실을 크게 깨달았더랬지요. 저는 죄를 혐오했지만 놀랍게 여기지는 않았습니다. 저 자신에게서 죄악의 가능성을 느꼈지요. 죄를 혐오스럽게 여겼던 것조차 사실은 저 자신에게서 죄의 가능성을 느꼈기 때문입니다. 이 타고난 성향은 위험하고 고통스러운 것이지만 모든 자연적 성향이 그렇듯 은총에 힘입어 올바르게 사용하는 법을 안다면 선하게 쓰일 수 있습니다. 이 성향은 어떤 소명을 의미합니다. 평범한 사람들과 언제라도 기꺼이 어울릴 수 있게끔, 이름 없는 사람이라고 할 만한 존재로 남아야 할 소명 말입니다. 그런데 요즘 사람들은 성직자와 평신도 간의 괴리보다 교회에 꼬박꼬박 출석하는 가톨릭교도와 불신자 간의 괴리가 더 심하다고, 그쪽에 더 뚜렷한 장벽이 있다고 생각하죠.

저는 "사람들 앞에서 나를 부인하는 사람이 있다면 누구를 막론하고 나도 천국에 계신 아버지 앞에서 그를 부인할 것이다."라는 그리스도의 말씀을 압니다. 그러나 그리스도를 부인한다는 것이 교회에 속하지 않는 모든 사람, 모든 경우를 의미하지는 않겠지요. 어떤 이들에게는 그리스도를 부인한다는 말이 그리스도의 가르침을 실천하지 않고, 그분의 정신을 널리 전하지 않고, 기회 닿는 대로 그분 이름에 영광을 돌리지 않고, 그분께 충실하기 위해서 목숨을 바칠 각오도 하지 않는다는 뜻일 뿐입니다.

신부님과의 충돌은 심히 괴로운 일이지만 충돌의 위험을 무릅쓰고서라도 솔직히 말씀드려야겠습니다. 저는 하느님, 그리스도, 가톨릭 신앙을 사랑합니다. 비참하리만치 미흡한 피조물도 그런 것들을 사랑할 수 있는 한에서요. 저는 성인들이 남긴 글과 성인전(聖人傳)에서 볼 수 있는 그들의 모습을 사랑합니다. 단, 온전히 좋아할 수 없거나 도무지 성인으로 보이지 않는 이들도 몇몇 있습니다. 제 인생 역정에서 우연히 만났던 참된 영성의 가톨릭 신자 예닐곱 명도 사랑합니다. 가톨릭 전례, 성가, 건축 양식, 예식을 사랑합니다. 그러나 제가 정말로 사랑하는 이 모든 것과의 관계를 떠나, 엄밀한 의미에서의 교회에는 일말의 애정도 없습니다. 교회를 사랑하는 이들에게 공감할 수는 있으나 저 자신이 그 사랑을 느끼진 않습니다. 성인이라면 누구나 교회를 사랑했겠지요. 하지만 성인들은 거의 다 교회에서 태어나 교회에서 성장했습니다. 여하튼 사랑은 자기 의지로 되는 게 아닙니다. 혹시 교회에 대한 사랑이 제가 알지 못하는 영적 진보의 조건이거나 저의 소명에도 해당한다면 언젠가 저도 그 사랑을 느낄 수 있기를 바랍니다. 저는 이 말씀밖에 드릴 수 없네요.

지금까지 털어놓은 제 생각에 허망하고 그릇된 부분이 있겠지요. 하지만 어떤 의미에서는 상관없습니다. 더는 검토하고 싶지 않아요. 저는 깊이 생각해 보고 결론에 도달했습니다. 이제 입교 문제를 아예 생각하지 않겠다고 그냥 단순하게 결심했어요.

제가 몇 주, 몇 달, 나아가 몇 년이나 이 문제를 덮어놓고 살다가 어느 날 갑자기 걷잡을 수 없는 충동으로 신부님께 달려가 당장 세례를 주십사 청할 가능성도 농후합니다. 은총은 조용하고 은밀하게 사람들의 마음속에 파고드니까요.

또 어쩌면 그런 충동을 느끼기도 전에 제 생이 끝날지도 모릅니다. 그러나 결단코 한 가지는 확실합니다. 제가 세례의 은총을 입을 만큼 신을 사랑하게 되는 날이 온다면 그날 당장 신께서 원하시는 모습에 걸맞게 그 은총을 어김없이 받아들일 거예요. 제대로 된 세례 절차를 통해서든, 다른 어떤 방식으로든 꼭 그렇게 하겠습니다. 그러니 제가 왜 고민하겠습니까? 저 자신을 생각하는 것은 제 일이 아닙니다. 저에 대한 생각은 하느님의 소관이지요.

편지가 매우 길어졌습니다. 제가 또 신부님의 시간을 필요 이상으로 많이 빼앗고 말았지만 너그러이 봐주세요. 변명하자면 어쨌든 이 편지가 제가 잠정적으로나마 도달한 결론이랍니다.

신부님께 얼마나 감사드리는지 모릅니다.

시몬 베유

편지 2

세례 받기를 주저하다(2)

친애하는 신부님께,

이 편지는 제가 잠정적인 결론이라고 말씀드렸던 그 편지의 추신입니다. 신부님을 위해서라도 더 이상의 추신은 없었으면 해요. 신부님을 성가시게 하지는 않을까 몹시 걱정되지만 행여 그렇더라도 신부님이 뿌린 씨려니 생각해 주세요. 신부님께 제 생각을 보고해야 한다고 느끼는 것이 제 잘못은 아니겠지요.

최근까지 제가 교회의 문턱을 넘지 못하게 했던 지적 장해물은, 신부님께서 저를 있는 그대로 받아들이기를 거부하지 않으시니 부득이하다면 이미 제거된 것으로 간주할 수 있습니다. 그러나 아직도 몇 가지 장해물이 남아 있는데요.

두루 곰곰이 생각해 보니 그 장해물들은 결국 이렇게 정리될 수 있어요. 제가 두려운 것은 사회 구조로서의 교회입니다. 꼭 교회가 더럽혀져 있어서만은 아니고요, 교회가 지니는 여러 성격들 중에서 사회적 성격이 두렵습니다. 저의 개인주의 기질 때문은 아닙니다. 오히려 그 이유는 정반대죠. 저의 내면에는 굉장히 부화뇌동하는 성향이 있어요. 천성적으로 영향을 쉽게 받고 심하게 받는 사람, 특히 집단적인 것에 잘 휘둘리는 사람입니다.

만약 지금 이 순간 독일 청년 스무 명이 제 앞에서 나치스의 노래를 합창한다면 제 영혼은 일부나마 당장 나치스가 될 거예요. 이건 아주 큰 약점이죠. 하지만 저는 그렇게 생겨 먹었습니다. 타고난 약점을 붙잡고 싸워 봤자 쓸모없는 일이겠지요. 의무상 어쩔 수 없는 상황에서는 마치 약점이 없는 것처럼 행동하기 위해 자신을 채찍질해야 합니다. 인생을 살아가면서 그러한 약점을 파악하고, 신중하게 고려하고, 잘 사용하고자 노력해야 하지요. 그런 약점도 모두 좋게 쓰일 수 있기 때문입니다.

저는 가톨릭 집단에 존재하는 교회에 대한 애국심이 겁납니다. 여기서 말하는 애국심은 지상에서의 조국에 대한 감정을 뜻합니다. 저 또한 그러한 애국심에 물들까 봐 두려운 거예요. 교회가 그러한 감정을 불러일으키는 것이 부당하게 보여서가 아닙니다. 다만, 저는 그런 유의 감정은 뭐가 됐든 전혀 원하지 않습니다. '원하다'(vouloir)라는 단어가 부적절한 줄은 압니다만, 대상이 뭐가 됐든 간에 그런 유의 감정이 제게 치명적이라는 것은 확실히 감지하고 있습니다.

십자군이나 종교재판을 용인했던 성인도 더러 있었습니다만, 저는 그들이 틀렸다고 생각하지 않을 수 없습니다. 양심의 빛을 거부할 수는 없습니다. 제가 성인들보다 한참 아래에 있을지언정 어떤 면에 관한 한 그들보다 분별력이 있다고 한다면, 성인들이 몹시 강력한 어떤 것에 눈이 멀었다고 봐야겠지요. 그 어떤 것이 바로 사회구조로서의 교회입니다. 성인들에게조차 그 사회구조가 해를 끼쳤는데, 사회적 영향력에 속수무책이고 그들보다 한없이 연약한 저 같은 인간에게는 얼마나 해롭겠어요?

지금까지 어떤 말이나 글도 《루카 복음서》에서 악마가 이 세상의 왕국들을 두고 그리스도에게 한 말에서 더 나아가지 못했습니다. "당신에게 이 모든 권세와 그에 따른 영광을 주겠소. 그것들은 내게 맡겨진 것이니 누구든 내가 주고 싶은 사람에게 줄 것이오." 여기서 사회적인 것은 빼도 박도 못할 악마의 영역이라는 결론이 나옵니다. 육신은 '나'를 말하게끔 몰아붙이고, 악마는 '우리'를 말하게끔 몰아붙이든가, 독재자들이 그랬듯이 집단적인 의미의 '나'를 말하게끔 몰아붙입니다. 그리고 악마는 제 고유한 사명에 걸맞게 신성의 모조품, 즉 신의 대용품을 만들어 냅니다.

제가 말하는 사회적인 것은 시민성과 관련된 모든 것이 아니라 집단적인 감정만을 가리킵니다.

교회가 필연적으로 사회를 이룰 수밖에 없는 줄은 잘 압니다. 사회적 성격 없이는 교회가 존재하지도 않겠죠. 그러나 교회는 사회적인 것이기에 이 세상의 군주에게 속합니다. 교회는 진리를 보존하고 전승하는 기관이기 때문에 저처럼 사회적 영향에 대책 없이 휘둘리는 사람들에게 극도로 위험합니다. 가장 순수한 것과 가장 심한 더러움을 낳는 것이 동일한 단어들로 같은 취급을 받고 혼동되어 결국 분해가 거의 불가능한 혼합물이 되고 마니까요.

누구든 들어오기만 하면 열렬히 환영하는 가톨릭 집단이 있습니다. 그런데 저는 집단에 받아들여지기를 원치 않고, '우리'를 말하는 환경에 거하고 싶지 않으며, 그 '우리'의 일부가 되어 그 어떤 환경이든 제집처럼 생각하고 안착하기를 원치 않습니다. 원치 않는다는 표현에는 어폐가 있군요. 왜냐하면 사실은 저도 그러고 싶거든요. 그런 건 참 즐겁고 기분 좋잖아요. 그러나 저에게 허용된 일이 아니지 싶네요. 이것이 제게는 필연이라고, 저는 어떤 인간 집단에도 속하지 않는 이방인으로서 외따로 살아가게끔 예정되었다고 생각합니다.

이 말은 제가 사람들이 살아가는 어떤 환경에든 그 안에 녹아들어 가야만 한다고 했던 말과 모순되는 듯 보이겠지요. 그러나 사실은 같은 얘기입니다. 집단에 묻혀 사라진다는 것이 집단의 일부가 된다는 뜻은 아닙니다. 또한 어디에나 녹아드는 능력은 결국 어디에도 소속되지 않는다는 뜻이죠.

이렇게 말로 표현하기 힘든 생각을 제가 제대로 설명한 건지 모르겠습니다.

이 생각은 속세에 대한 것이니, 성사의 초자연적인 성격에 주목한다면 하찮게 보일 수도 있습니다. 다만 저는 제 안에서 초자연과 악이 불순하게 뒤섞인다는 것이 두렵습니다.

음식을 기준으로 볼 때 굶주림은 그 음식을 먹는 행위와 비교한다면 훨씬 불완전한 관여입니다. 그렇지만 굶주림도 먹는 행위 못지않게 현실적인 관여지요.

특정한 천성, 기질, 과거, 소명 등이 있는 사람에게는, 성사를 갈망하되 참여하지 않는 것이 실제로 성사에 참여하는 것보다 순수한 교제가 될 수도 있다고 생각하면 안 될까요.

제가 그런 경우인지 아닌지는 도통 모르겠습니다. 물론 아주 예외적인 경우일 테고, 자기는 예외라는 생각이 어리석기 짝이 없는 교만이라는 것도 잘 압니다. 그러나 남들보다 우수해서가 아니라 되레 열등하기 때문에 예외가 되는 경우도 있습니다. 바로 제가 그렇지 않은가 싶습니다.

어쨌든 진즉에 말씀드린 바와 같이 어떠한 경우에도 제가 성사를 진정으로 접할 수 있으리라 생각지 않으며 그냥 그러한 접촉이 가능하리라 예감만 할 뿐입니다. 게다가 제가 성사와 실제로 어떤 유의 관계를 맺는 것이 합당한지도 도통 알 수 없습니다.

신부님께 저를 완전히 맡기고 저 대신 결정을 내려 주십사 부탁드리고 싶다는 유혹을 느낄 때도 있습니다. 그러나 결국 그럴 수는 없습니다. 저는 그럴 권리가 없어요.

아주 중요한 사안을 다룰 때에는 장해물을 극복하지 못하는 것 같습니다. 망상의 힘이 낳은 장해물은 그저 장해물이 사라질 때까지 시간이 걸리면 걸리는 대로 직시해야만 합니다. 여기서 말하는 장해물은 우리가 선한 방향으로 한 걸음 한 걸음 내딛으면서 극복해야 할 타성과 자못 다릅니다. 저는 그런 타성도 경험해 보았습니다. 장해물은 전혀 다릅니다. 장해물이 사라지기 전에 뛰어넘기를 바랐다가는, 복음서에서 악마 하나가 나간 대신에 일곱 악마가 들러붙었다는 사람의 이야기[1]가 암시하는 대체 현상이 일어날 우려가 있습니다.

세례 받기 부적절한 상태로 세례를 받고 나중에 한순간이라도 후회를 할지 모른다는 생각만 해도 무섭습니다. 세례를 구원의 절대적 조건으로 확신한다 해도 구원을 보고 그 모험을 하지는 않겠습니다. 모험이 아니라는 확신이 서기 전까지는 모험을 삼가렵니다. 그러한 확신은 자신의 모든 행위가 신에 대한 복종이라고 생각할 때에만 가능합니다. 복종만은 시간에 지지 않습니다.

여기 이 책상에 영원한 구원이 있어서 손만 뻗으면 얻을 수 있다 해도, 그 구원을 취하라는 명을 받았다고 생각하지 않는 한, 저는 손을 내밀지 않겠습니다. 적어도 그렇게 믿고 싶습니다. 저 자신의 구원이 아니라 과거,

---

1. 《마태오 복음서》 12장에서 예수는 어떤 사람에게서 악령이 떨어져 나왔더라도 달리 거할 곳을 찾지 못하면 예전 집으로 돌아올 뿐 아니라 그 집이 말끔하게 정돈된 모양을 보고 자기보다 더 흉악한 악령 일곱을 데리고 들어가니 그 사람은 예전보다 더 비참한 꼴이 된다고 말한다.

현재, 미래의 모든 인류의 영원한 구원이 걸려 있다 해도 마찬가지일 겁니다. 물론 이 경우에는 심히 마음이 쓰이겠지요. 그러나 저 한 사람만의 문제라면 그렇게 마음 쓸 일 같지도 않습니다. 저는 전적인 복종 그 자체, 다시 말해 십자가도 질 만한 복종 외에는 아무것도 바라지 않으니까요.

하지만 저는 이렇게 말할 권한이 없습니다. 이렇게 말하면 거짓말을 하는 셈이니까요. 그런 것을 원했다면 얻었겠지요. 사실 저는 명백하게 의무라고 느끼는 일을 차일피일 계속 미루고 있어요. 그 자체로는 실행하기 어렵지 않고 단순하지만 타인에게 미칠 수 있는 결과를 봐서는 중요한 의무들인데 말이에요.

그러나 저의 딱한 문제로 신부님을 붙잡아 놓는 것은 너무나 지루한 일이고 신부님께 아무 유익도 되지 않을 겁니다. 게다가 쓸모도 없는 일일 거예요. 신부님께서 저를 오해하시지 않게 한다는 의의밖에 없겠지요.

제가 항상 진심으로 감사드린다는 거 알아 주세요. 이 말이 형식적인 인사가 아닌 줄은 익히 아시겠지요.

시몬 베유

편지 3
출발을 앞두고

1942년 4월 16일

친애하는 신부님께,

예정대로라면 일주일 후에 마지막으로 뵙게 되겠군요. 이달 말로 출발 날짜가 잡혔습니다.

신부님 사정이 허락되어 우리가 선택한 글들에 대해서 여유를 갖고 찬찬히 이야기할 수 있으면 참 좋을 텐데요. 하지만 그럴 수 있을 것 같지 않습니다.

저는 떠나고 싶은 마음이 눈곱만큼도 없습니다. 불안한 마음으로 떠나겠지요. 이런저런 가능성들을 따져서 결심을 내리고 싶지만 그런 계산은 너무나 불확실하기에 전혀 제 마음을 다잡아 주지 못합니다. 오래전부터 저를 이끌어 주고 제 안에 거하는 생각, 실현 가능성이 낮은데도 감히 버릴 수 없는 그 생각은 몇 달 전에 신부님께서 고맙게도 도와주셨지만 성공하지 못했던 계획과 매우 흡사합니다.

사실 제 등을 떠미는 가장 큰 이유는, 현재 빠르게 돌아가며 맞물리는 상황들을 보면 제가 여기 남겠다는 결정은 순전히 제 의지인 것 같기 때문입니다. 저의 가장 큰 바람은 제 의지를 온전히 버릴 뿐 아니라 제 존재 자체도 고스란히 버리는 것인데 말입니다.

무엇인가가 저에게 떠나라고 말하는 것 같아요. 그저 느낌만은 아니라는 확신이 있기에 저 자신을 맡깁니다.

설혹 제가 잘못 생각했더라도 저 자신을 맡겼으니 결국은 가야 할 곳에 이르게 되기를 소망합니다.

아시겠지만 가야 할 곳이란 십자가를 의미합니다. 제게 그리스도의 십자가에 참예할 자격이 영영 주어지지 않는다면, 적어도 착한 강도의 십자가라도 같이 지고 싶습니다. 복음서에 등장하는 그리스도 외의 모든 인물들 중에서 저는 그 착한 강도가 단연코 가장 부럽습니다. 그 강도는 그리스도 옆에 있었고 그리스도가 십자가에 매달린 동안 자신도 똑같이 십자가에 매달려 있었으니, 영광 속에서 그리스도의 오른편을 차지하는 것보다 더 부러워할 만한 특혜 아닙니까.

날짜는 임박하는데, 돌이킬 수 없을 만큼 확고한 결심은 아직 서지 않습니다. 그러니 혹시라도 저에게 충고하실 일이 있다면 지금 해 주세요. 그러나 특별한 조언을 생각해 달라는 뜻은 아닙니다. 그런 것 말고도 긴히 생각하셔야 할 일이 많으시잖아요.

이제 떠나면 다시는 뵙지 못할지도 모르겠습니다. 행여 저세상에서 다시 만난다 해도, 신부님도 아시다시피 저는 그런 식의 만남은 생각지 않습니다. 하지만 상관없습니다. 신부님의 존재만으로도 제 마음에는 부족함이 없습니다.

프랑스에 남기고 가는 모든 사람, 특히 신부님을 생각하면서 저는 극심한 불안을 가눌 길 없습니다. 그러나 이 또한 중요하지 않습니다. 무슨 일이 일어나든 진정한 해악이 미치지 못하는 사람들이 있고, 신부님이 바로 그런 분이니까요.

비록 멀리 떨어져 있다 해도 제가 신부님께 입은 은혜는 시간이 흐를수록, 하루하루 더해 갈 것입니다. 물리적인 거리가 신부님을 생각하는 제 마음까지 막지는 못할 테니까요. 그리고 신부님을 생각하면서 하느님을 생각하지 않을 수는 없답니다.

자식 같은 마음으로 올립니다.

시몬 베유

추신) 아시다시피 프랑스를 떠나는 것과 고통과 위험에서 도망치는 것은 저에게 전혀 별개의 문제입니다. 이렇게 떠나면 제가 세상에서 제일 하기 싫은 일(도망치기)을 제 의도에 상관없이, 저도 모르게 하게 될까 두려워 이토록 불안한 겁니다. 지금까지는 참 평온히 살았습니다. 제가 떠나자마자 평온이 사라진다면 정말 견딜 수 없을 거예요. 꼭 그렇게 될 거라는 확신이 있다면 저는 여기 남을 것 같습니다. 만약 앞으로 일어날 일에 대해서 신부님께서 예상하시는 바가 있다면 부디 꼭 알려주세요.

고별의 편지

편지 4. 영적 자서전

편지 5. 지적 소명

편지 6. 막바지의 생각

편지 4

영적 자서전

이 추신을 먼저 읽어 주십시오.

이 편지는 끔찍이도 길지만 이 편지에 답장을 쓰실 일은 없습니다. 게다가 이 편지가 신부님께 도착하기 전에 저는 프랑스를 떠나기 때문에, 이 편지를 읽으실 시간은 앞으로 몇 년이고 충분합니다. 그래도 언젠가는 꼭 읽어 주세요.

5월 15일경, 마르세유에서

신부님께,

떠나기 전에 다시 말씀드리고 싶습니다. 이게 아마 마지막이겠지요. 그곳에 가면 이따금 제 소식이나 전하고 신부님 안부를 여쭙는 게 다일 테니까요.

제가 신부님께 크나큰 은혜를 입었다고 말씀드렸었지요. 그 은혜가 어떤 것인지 정확하고 솔직하게 말씀드리고 싶습니다. 만약 신부님께서 저의 영적 상태를 정말로 이해하셨다면 저를 세례로 이끌지 못한 것을 조금도 유감스럽게 여기지 않으실 거예요. 그러나 신부님께서 과연 그러실 수 있을지는 잘 모르겠네요.

　신부님은 제게 그리스도교적인 영감도, 그리스도도 전해 주시지 않았습니다. 제가 신부님을 만났을 때에는 이미 모든 일이 인간의 중재 없이 이루어져 더 할 일이 없었으니까요. 만일 그렇지 않았다면, 제가 이미 암묵적으로나 의식적으로나 그리스도께 사로잡히지 않았더라면, 어차피 제가 신부님에게서 아무것도 받아들이지 않아서 신부님은 어떤 것도 주실 수 없었을 겁니다. 저는 신부님을 향한 우애 때문에라도 신부님의 메시지를 거부했을 거예요. 신적인 것들의 영역에 사람의 영향력이 착각과 오류를 끌고 들어올 가능성을 심히 두려워했을 겁니다.

　저는 평생 어떤 순간에도 신을 구하려 한 적이 없다고 말할 수 있습니다. 어쩌면 심히 주관적일지도 모르는 이 이유 때문에 저는 '신을 구하다'(chercher Dieu)라는 표현을 좋아하지 않고 잘못된 표현이라고까지 생각합니다. 청소년기부터 저는 신 문제를 지상에서는 근거를 얻을 수 없는 문제로 보았고, 이 문제를 잘못 푸는 것이야말로 최악이라고 생각했기에 아예 문제를 제기하지 않는 것이 최악을 면할 유일한 방법이었습니다. 그래서 저는 그 문제를 제기하지 않았습니다. 저는 긍정도 부정도 하지 않았습니다. 이 문제를 푼다는 것이 제게는 무익한 일로 보였습니다. 이 세상을 살아가는 우리는 이 세상의 문제들에 대해서 최선의 태도를 취할 뿐인데, 그 태도가 신 문제 해결에 좌우되지는 않는다고 보았거든요.

　적어도 저에게는 정말 그랬습니다. 저는 제가 선택한 태도에 관해서는 한 번도 망설이지 않았습니다. 저는 항상 그리스도의 태도를 제가 택할 수 있는 유일한 태도로 보았거든요. 말하자면 저는 애초에 그렇게 생겨 먹었고 그렇게 자랐으며, 늘 그리스도교적인 영감 안에 머물렀습니다.

제 머릿속에는 하느님의 이름조차 들어와 있지 않았건만, 이 세상과 이생의 문제들에 대해서는 그리스도의 생각을 명시적이고 엄밀하게 적용했고, 그러한 생각에 따라오는 지극히 특수한 개념들을 받아들였습니다. 그 개념들의 일부는 제가 기억하는 가장 오래된 때부터 줄곧 제 안에 있었어요. 그 외의 개념들이 언제, 어떤 식으로, 어떤 형태로 저에게 다가왔는지도 알고 있습니다.

가령, 저는 내세에 대한 생각을 자제해 왔으면서도 죽음의 순간이 생의 규범이자 목표라고 항상 믿었습니다. 합당히 살아간 자들에게는 죽음의 순간이야말로 순수하고 확실하고 영원한 진리가 영혼에 들어오는 찰나의 순간이라고 늘 생각해 왔지요. 제가 이것 외의 다른 선(善)을 바랐던 적은 결코 없었노라고 말할 수 있습니다. 이 선으로 나아가는 삶은 만인 공통의 도덕률로만 정의되는 것이 아니라, 순전히 개인적이면서도 목표에 도달하려면 결코 비켜 가서는 안 될 일련의 행위들과 사건들로 한 사람 한 사람에게 각기 정의된다고 생각했습니다. 저는 바로 그런 게 소명이라고 보았어요. 소명이 명하는 행위들은, 감성이나 이성에서 비롯된 행위들과는 본질적으로 명백히 다른 충동에서 나온다는 바로 이 기준에 비추어 알 수 있습니다. 그러한 충동이 불가능한 일을 명할지라도 충동을 느끼고도 따르지 않는 것보다 더 큰 불행은 없다고 생각했지요. 제가 생각하는 복종은 그런 겁니다. 저는 공장에 들어가 지내면서 그 생각을 시험해 보았습니다. 신부님께 최근 말씀드렸듯이 당시 저는 숨 돌릴 틈도 없이 극심한 고통을 겪었습니다. 저는 상황의 제약이나 제가 방금 말씀드렸던 충동으로 모든 것이 결정되는 삶, 선택의 여지가 있을 수 없는 삶이야말로 가능한 가장 아름다운 삶이라고 늘 생각해 왔지요.

열네 살에 사춘기의 한없는 절망에 빠졌고, 타고난 능력이 너무 초라하다는 생각에 죽음을 심각하게 고민했습니다. 오빠[1]가 어려서부터 파스칼의 유년기와 소년기에 비견될 만큼 비범한 재능을 보였기에 저의 초라함을 절감할 수밖에 없었지요. 눈에 띄는 성공을 거두지 못하는 것은 괜찮았지만 진정 위대한 인간들만이 들어갈 수 있는 초월적 왕국, 진리가 거하는 그곳에 어떻게 해도 다가갈 수 없다는 생각에 안타까웠습니다. 저는 진리 없이 사느니 차라리 죽고 싶었습니다. 우울한 심정으로 몇 달을 보내다가, 불현듯 이러한 확신을 얻었습니다. 타고난 능력이 거의 없는 인간이라도 진리를 간절히 바라고 진리에 다다르고자 부단히 주의를 집중한다면 천재에게만 허락된 진리의 왕국에 들어갈 수 있다는 그 확신은 줄곧 변치 않았습니다. 설령 재능이 없어 겉으로 보기에는 전혀 천재 같지 않은 사람도 그러한 방법으로 결국은 천재가 되는 것입니다. 나중에 저는 두통이 심해져서 하찮은 능력조차도 제대로 펴지 못했고 그 병이 영영 낫지 않을 거라고 생각했습니다만, 그 확신 덕분에 희망적인 결과가 거의 전혀 없는 와중에도 10년간 주의를 놓지 않고 버틸 수 있었습니다.

저는 진리라는 이름으로 미, 덕, 모든 종류의 선을 한데 묶었기 때문에 은총과 욕망의 관계에 대한 생각이 아주 중요했습니다. 제가 얻었던 확신, 그것은 빵을 원하는 사람이 돌을 받지는 않을 거라는 생각이었지요.[2] 그러나 당시에 복음서를 읽지는 않았습니다.

저는 욕망이 모든 형태의 영적 선(善)의 영역에서 그 자체로 효력을

---

1. 부르바키 세미나의 창시자이자 프린스턴 고등과학연구소 교수를 지낸 수학자 앙드레 베유(André Weil, 1906~1998)를 가리킨다.
2. 《마태오 복음서》 7장 9절 "너희 가운데 아들이 빵을 청하는데 돌을 줄 사람이 어디 있겠느냐?"를 참조하라.

지닌다고 믿었던 바로 그만큼, 욕망이 다른 영역에서는 효력을 발휘하지 못할 거라고 믿었습니다.

청빈의 정신은 제가 기억하는 한, 항상 제 안에 있었습니다. 애석하게도 그 정신이 저의 불완전성과 공존할 수 있는 미약한 수준에서라지만 말입니다. 저는 아시시의 성 프란체스코를 알게 되자마자 푹 빠져 버렸습니다. 성 프란체스코가 자유로이 부랑자와 걸인의 삶을 살곤 했듯이 언젠가 저도 운명의 구속으로 그렇게 되리라 항상 믿고 바랐습니다. 최소한 이 나이가 되도록 그런 과정을 거치지 않을 줄은 몰랐습니다. 감옥에 대해서도 마찬가지 생각을 품고 있었고요.

저는 아주 어릴 때부터 이웃 사랑이라는 그리스도교적 생각을 품고 있었고, 그 생각에 정의라는 이름을 붙였습니다. 복음서의 여러 대목에서 찾아볼 수 있는 참으로 아름다운 이름이지요. 신부님께서 아시다시피, 저는 이 부분에서 여러 번 심각하게 제 의무를 저버렸습니다.

신의 뜻이라면 무엇이든 받아들여야 할 의무를 마르쿠스 아우렐리우스의 글에서 스토아주의의 운명애(運命愛, amor fati)라는 표현으로 발견한 때부터 이것이야말로 첫째가는 불가피한 의무, 반드시 이행하지 않으면 수치가 되는 의무로 마음에 새겼습니다.

순수(pureté)라는 개념과 이 단어가 그리스도교도에게 의미할 수 있는 모든 것이 열여섯 살 당시의 저를 사로잡았습니다. 사춘기에 으레 있는 감상적 불안을 몇 달간 겪고 난 후였지요. 제가 어느 산의 경치를 관조하는 동안 떠오른 이 개념이 차츰 저항할 수 없이 확고하게 다가왔습니다.

물론 제 인생관이 그리스도교적이라는 것은 잘 알고 있었습니다. 그래서 그리스도교에 입문할 수도 있겠다는 생각이 아예 들지도 않았던 겁니다.

저는 이미 그 안에서 태어난 사람 같았으니까요. 그러나 명증한 것에 구속당하여 그렇게 된다면 모를까, 이 인생관에 교리를 덧붙인다는 것은 성실하지 못한 일 같았습니다. 교리의 진실성에 의문을 품거나, 교리에 확신이 생기기를 그저 바라기만 하는 것도 저는 성실하지 못한 일로 여길 겁니다. 저는 지적 성실성을 극히 엄격하게 따집니다. 어느 정도냐 하면, 여러 방면에서 성실성이 부족하다고 생각되지 않는 사람을 지금껏 한 명도 보지 못했어요. 저 자신의 지적 불성실 또한 항상 두려워하고 있고요.

이렇게 교리와 거리를 두었기에, 교회에 있기를 좋아하면서도 일종의 염치 때문에 교회에 갈 수 없었습니다. 그래도 제게는 가톨릭교회와 실로 중대한 접촉이 세 번 있었습니다.

공장에서 일 년 일하고 나서 다시 교편을 잡기 전에 부모님이 저를 포르투갈에 데려가셨습니다. 포르투갈에서 부모님 곁을 떠나 저 혼자 작은 마을로 내려갔습니다. 저는 몸과 마음이 다 조각조각 갈라진 것 같았습니다. 불행과 조우하고서 저의 청춘은 죽었습니다. 그때까지 저는 저 자신의 불행 말고는 불행을 경험한 적이 없었습니다. 저 자신의 불행은 그리 중요해 보이지 않는데다가 불행 축에도 못 끼는, 사회적 불행이 아닌 생물학적 불행일 뿐이었지요. 이 세상에 허다한 불행이 있는 줄은 알고 있었고 번민도 많이 했지만, 제가 몸소 장기간 불행을 접하고 그 참상을 확인해 보지는 못했던 겁니다. 제 눈에나 남의 눈에나 익명의 다수와 다를 바 없는 모습으로 공장에서 일해 보니 비로소 남들의 불행이 제 육신과 영혼에 파고들었습니다. 아무것도 저를 그 불행에서 떼어 내지 못했습니다. 이런 피로를 겪고도 사람이 살 수 있을까 상상하기도 어려운 와중에 실제로 제 과거를 완전히 잊었고 미래도 전혀 기대하지 않았습니다. 그곳에서 겪은 일은 저에게 매우 깊이 각인되었기에 지금도 어떤 상황에서든, 어떤 사람이든 저에게 난폭하지 않게 말을 걸어 주면, 뭔가 잘못 안 게 아닐까, 안타깝지만 이 착오가 오래가진 않겠지, 이런 기분이 들 정도입니다. 로마인들이 벌겋게 달군 쇠로 가장 멸시하는 노예의 이마에 낙인을 찍었던 것처럼 저는 그곳에서 영원히 남을 노예의 낙인을 받았습니다. 그때부터 저는 늘 제가 노예라고 생각해 왔습니다.

그렇게 너덜너덜한 몸과 마음으로 포르투갈의 작은 마을에 들어갔는데, 세상에나, 그 마을 또한 딱하기 이를 데 없었습니다. 보름달이 떠 있었고 마침 수호성인 축일 저녁이었지요. 바닷가 마을이었습니다. 어부의 아낙네들은 촛불 행렬을 이루고 아주 오래전부터 있었던 것 같은 애절한 성가를 부르면서 선박들 주위를 돌았습니다. 볼가 강의 뱃노래 외에는 그렇게 가슴을 치는 노래를 들어 본 적이 없어요. 거기서 문득 그리스도교는 각별히 노예들의 종교요, 노예는 그리스도교에 들어가지 않을 수 없으니 저 또한 마찬가지라는 확신이 들더군요.

1937년에 저는 아시시에서 경이로운 이틀을 보냈습니다. 성 프란체스코가 자주 기도를 올리던 곳이라는 산타 마리아 델리 안젤리 대성당은 비할 데 없이 순수한 기적과도 같았습니다. 저는 홀로 그곳의 자그마한 12세기 로마네스크식 부속 예배당에 들어갔고, 제가 어찌할 수 없는 그 무엇에 떠밀려 난생 처음으로 무릎을 꿇을 수밖에 없었어요.

1938년에는 솔렘 수도원에서 성지주일[3]부터 부활절 화요일까지 열흘간 모든 미사에 참석했습니다. 당시에 저는 극심한 두통을 겪었습니다. 소리 하나하나가 저를 때리는 것 같았지요. 죽도록 주의력을 집중한 끝에

---

3. 부활주일 바로 전 주일. 종려주일이라고도 한다.

그 비참한 육신에서 벗어나 육신은 홀로 고통을 겪도록 내버려 두고 전에는 몰랐던 아름다운 노래와 말에서 순수하고 완전한 기쁨을 찾을 수 있었습니다. 그때의 경험에서 유추하여 불행을 통해서도 신의 사랑을 사랑할 수 있음을 납득했습니다. 미사들을 바치는 동안 그리스도의 수난이 결정적으로 제 마음에 들어왔음은 말할 필요도 없겠지요.

어느 젊은 영국인 가톨릭 신자를 만나고서 처음으로 성사의 초자연적인 미덕을 생각하게 되었습니다. 성찬을 받은 그의 모습이 정말로 후광이 비치는 천사처럼 보였기 때문입니다. 우연은 제게 그 사람을 사자(使者)로 보낸 셈입니다. 저는 늘 신의 섭리보다는 우연이라는 말이 좋습니다. 그 사람 덕분에 형이상학적이라는 평판의 17세기 영국 시인들을 접하게 되었기 때문에 하는 말입니다. 신부님께 읽어 드렸던 그 시도 나중에 그 시인들의 작품을 탐독하다가 발견한 거예요. 번역이 미흡해서 안타깝지만 어쨌든 그 시의 제목은 〈사랑(Love)〉입니다.[4] 저는 이 시를 아예 외워 버렸어요.

---

4. 조지 허버트(George Herbert)가 쓴 시로, 원문과 번역을 여기에 소개한다.

> 사랑은 내게 오라 하나
> 죄로 더럽혀지고 추악한 내 영혼은 뒷걸음질 치네.
> 그러나 사랑은 기민한 눈으로
> 들어오자마자 주저하는 나를 보시고
> 다가와 다정히 물으시네,
> 행여 내게 부족한 것이 있는지.
>
> Love bade me welcome: yet my soul drew back,
>   Guilty of dust and sin.
> But quick-eyed Love, observing me grow slack
>   From my first entrance in,
> Drew nearer to me, sweetly questioning,
>   If I lacked anything.
>
> 이 몸은 여기 어울리는 손님이 아니라 대꾸하니
> 사랑은 말씀하시길, 그대가 그 손님이라.

두통이 격심할 때면 정신을 하나로 모으고 이 시가 품고 있는 애정에 제 혼을 실어 암송하곤 했습니다. 저는 그저 아름다운 한 편의 시를 암송한다고 생각했지만 저도 모르는 사이에 그러한 암송이 기도의 효과를 발휘했습니다. 신부님께 이미 말씀드렸듯이 그리스도께서 내려오셔서 저를 사로잡으셨던 것도 이 시를 외울 때였죠.

신 [존재] 문제를 풀 수 없다는 제 생각에는 사람과 신이 인격 대 인격으로 접촉할 가능성이 들어설 자리가 없었습니다. 이런 일을 막연하게 들어 보기는 했으나 결코 믿지 않았더랬지요. 성 프란체스코의 《작은 꽃들(Fioretti)》을 읽으면서도 그리스도가 실제로 나타나시는 대목에서는 복음서에서 기적에 대한 묘사를 읽을 때처럼 유독 반감이 들었습니다. 더욱이

오, 사랑이시여, 배은망덕하고 인정 없는 이 자가 말입니까?
저는 당신을 바라볼 수조차 없나이다.
사랑이 내 손 잡고 미소 지으며 말씀하시길,
나 아니면 누가 그 눈을 지었겠느냐?
A guest, I answer'd worthy to be here;
   Love said, you shall be he
I, the unkinde, ungrateful? Ah my dear,
   I cannot look on thee
Love took my hand and smiling did reply,
   Who made the eyes but I?

그렇습니다, 주여, 제가 그 눈을 더럽혔나이다.
제 수치에 어울리는 자리로 가게 하소서.
사랑이 말씀하시길, 누가 명에를 졌는지 너는 모르느냐?
사랑이시여, 그럼 제가 시중을 들겠나이다.
사랑이 말씀하시길, 너는 앉아 내 살을 먹어야 한다.
하여, 나는 앉아서 먹었네.
Truth Lord, but I have marr'd them: let my shame
   Go where it doth deserve
And know you not, says Love, who bore the blame?
   My dear, then I will serve.
You must sit down, says Love, and taste my meat:
   So I did sit and eat.

그리스도께서 홀연히 저를 사로잡으신 이 일에 감각이나 상상력은 전혀 끼어들지 않았습니다. 저는 그저 고통 속에서 사랑하는 이의 미소에서 읽을 수 있는 것과 비슷한 사랑의 현존을 느꼈을 뿐입니다.

저는 신비주의자들의 글을 읽은 적이 없습니다. 읽어야 한다는 압박을 전혀 느끼지 못했기 때문입니다. 독서에 있어서도 저는 항상 복종을 실천하려고 노력하였습니다. 지적인 발전에는 이보다 좋은 일이 없습니다. 가급적 제가 굶주린 것만을, 굶주렸을 때에만, 읽습니다. 그럴 때면 읽는 게 아니라 먹어 치우는 셈이죠. 하느님께서는 자비롭게도 제가 신비주의자들의 저작을 읽지 않도록 하셨습니다. 그래서 저는 예상도 못 했던 이 접신(接神)을 제가 만들어 낸 것이 아니라고 확신할 수 있었어요.

그러나 저의 사랑은 그렇지 않을지언정 저의 지성은 여전히 반만 허락한 상태였습니다. 저는 인간이 순전히 진리만을 생각해서 신에게 저항한다면 결코 끝까지 저항할 수 없다고 생각했고, 지금도 그렇게 생각합니다. 그리스도는 우리가 당신 자신보다도 진리를 택하기를 바라실 겁니다. 그분은 그리스도이기 이전에 진리이기 때문입니다. 진리를 추구하기 위해서 그리스도에게 등을 돌린 자들은 멀리 못 가 그리스도의 품으로 돌아올 것입니다.

이 일이 있은 후에 저는 플라톤은 일종의 신비주의자요, 《일리아스》 전체가 그리스도교의 빛에 잠겨 있으며, 디오니소스와 오시리스가 어떤 면에서는 그리스도에 다름 아니라고 느꼈습니다. 또한 그로써 저의 사랑이 더욱 커지는 것을 느꼈습니다.

예수가 하느님의 강생(incarnation)이었는지 아니었는지 의문을 품어 본 적은 없습니다. 그러나 사실 저는 예수를 생각하면서 그분을 신으로 여기지 않을 수가 없었습니다.

1940년 봄에 저는 《바가바드기타(Bhagavadgītā)》[5]를 읽었습니다. 희한하게도, 강생한 신의 입에서 흘러나오는 이 경이로운 말, 그리스도교와 자못 통하는 데가 있는 이 말을 읽으면서 저는 아름다운 시에서 얻는 것과는 전혀 다른, 훨씬 더 절대적인 것을 종교적 진리에서 얻을 수 있구나 하고 강렬히 깨달았습니다.

그러나 세례 문제는 떠올려 볼 생각조차 하지 않았습니다. 비(非)그리스도교와 이스라엘에 관한 제 감정을 아무 거리낌 없이 저버릴 수는 없었습니다. 실제로 시간이 흐르고 명상이 깊어질수록 그러한 감정은 굳어졌습니다. 그 감정을 절대적인 장해물로 생각했습니다. 어떤 사제가 저에게 세례를 줄 생각을 한다는 것 자체가 가능할 성싶지 않았어요. 신부님을 만나지 않았더라면 저는 결코 세례 문제를 실질적 문제로 고려하지 않았겠지요.

이렇게 영적으로 나아가는 동안 저는 결코 기도를 하지 않았습니다. 저는 기도의 암시적인 힘, 파스칼이 기도를 권하면서 염두에 두었던 바로 그 힘을 우려했습니다. 파스칼의 방법이 제게는 신앙에 도달하는 가장 그릇된 방법 중 하나로 보였습니다.

신부님을 만났다고 해서 기도를 해야겠다는 생각이 들지는 않았습니다. 오히려 신부님을 향한 저의 우정이 끼치는 암시적인 힘을 경계해야 했기에 위험을 더 크게 의식했습니다. 그와 동시에 기도를 하지 않으면서 그 얘기를 신부님께 하지 않기도 참 난처했습니다. 또 그런 얘기를 하면 신부님이 저를 오해하시리라는 것도 알고 있었습니다. 당시에는 제가 자세히 말씀드린들 이해하시기 어려웠을 겁니다.

---

5. 고대 인도의 대서사시 《마하바라타(Mahābhārata)》의 일부분으로서 왕자 아르주나와 지혜로운 스승 크리슈나의 철학적인 대화가 주를 이룬다.

저는 작년 9월까지 단 한 번도, 적어도 기도다운 기도는 한 마디도 올리지 않았습니다. 소리 내어 말하든 마음속으로든 신께 말을 건 적이 없었습니다. 전례 기도문을 입 밖에 낸 적도 없습니다. 이따금 〈성모찬송(Salve Regina)〉을 암송하긴 했지만 어디까지나 아름다운 한 편의 시를 외우는 마음이었습니다.

작년 여름에 T라는 사람과 그리스어를 공부하면서 주기도문을 그리스어로 단어 하나하나 옮겨 주었습니다. 우리는 그 기도문을 외우기로 약속했습니다. 그는 약속을 지키지 않았을 겁니다. 저도 당시에는 그러지 못했습니다. 그러나 몇 주 후에 복음서를 뒤적거리다가 갑자기 생각이 나서, 일단 약속을 했고 어차피 좋은 일이니 외우자 다짐했지요. 실제로 저는 암송을 했습니다. 그리스어 기도문이 가없이 감미롭게 다가와 며칠 내내 기도문을 입에 달고 살았습니다. 일주일 후에 저는 포도원 일을 시작했습니다. 매일 일하러 나가기 전에 그리스어 주기도문을 외웠고 포도밭에서 일하는 동안에도 자주 암송했습니다.

그 후로 저는 매일 아침 온 정신을 집중해서 주기도문을 한 차례 암송하는 습관을 들였습니다. 암송 중에 미세하게라도 주의력이 흐트러지거나 깜박 정신이 해이해지면 정신을 가다듬고 다시 암송을 시작해서 반드시 제대로 끝냈습니다. 가끔 순전히 암송이 즐거워서 다시 시작할 때도 있었지만 정말로 간절한 마음이 들 때에만 그렇게 했습니다.

이러한 실천의 효과가 얼마나 비상한지 저는 매번 놀랍니다. 매일 경험하는 일인데도 항상 기대 이상이니까요.

때로는 주기도문의 첫 단어들만으로 제 생각은 신체에서 벗어나 전망도 없고 관점도 없는 공간 밖의 어떤 곳으로 갑니다. 공간이 열립니다.

일상적으로 지각되는 공간의 무한은 그보다 한 차수,[6] 아니 때로는 두 차수 위의 무한으로 대체됩니다. 침묵은 그와 동시에 이 무한한 무한을 구석구석 채웁니다. 그러한 침묵은 소리의 부재가 아니라 되레 소리의 감각보다 더 적극적인 감각의 대상입니다. 소음이 있다 해도 이러한 침묵을 통과한 후에만 저에게 도달하지요.

또한 이러한 암송 중에, 아니면 다른 순간들에 그리스도께서 친히 저와 함께 하십니다. 그분이 저를 처음 사로잡았던 그때보다 한없이 더 생생하고 인상적이며 명확하게, 더 큰 사랑으로 함께하십니다.

제가 떠나지 않을 거라면 이 모든 이야기를 털어놓을 수 없겠지요. 죽을지도 모른다는 생각을 웬만큼 품고 떠나기 때문에, 이런 일을 제 속에만 담고 있어서는 안 될 것 같습니다. 결국 이 모든 일에서 저는 중요하지 않습니다. 오직 신만이 중요합니다. 저는 정말 아무것도 아닙니다. 신께서도 실수를 할 수 있다면 이 모든 일이 실수로 나에게 일어났나 보다 생각할 겁니다. 아마 신께서는 쓸모없는 물건, 폐품, 찌꺼기를 즐겨 사용하시나 봅니다. 면병(麵餠)에 곰팡이가 슬어도 사제가 축성하면 똑같이 그리스도의 몸이 됩니다. 단, 면병은 거부할 수 없으나 우리는 불복할 수 있습니다. 제가 이렇게나 긍휼히 여김을 받으면서도 저지르는 모든 죄는 대죄(大罪)가 틀림없다는 생각이 가끔 듭니다. 저는 끊임없이 그런 죄를 범하고 있습니다.

저는 신부님이 아버지 같기도 하고 오빠 같기도 하다고 말씀드렸지요. 그러나 그런 말은 그저 비유적인 표현이었을 뿐입니다. 기본적으로는 사랑과 감사와 찬탄의 감정에 해당할 뿐이고요. 처음부터 제 영혼을 지도하는 일은 신께서 직접 맡으셨고 지금까지 그리하셨다고 생각합니다.

---

6. 수학적인 의미에서의 '차수'(次數)를 가리킨다.

그럼에도 제가 신부님께 그 어떤 인간에게도 진 적 없는 큰 신세를 졌다는 사실은 변함없습니다. 제가 진 신세란 가령 이런 것입니다.

우선 신부님께서는 처음 만났을 때부터 제 마음 깊이 와 닿는 몇 가지 말씀을 해 주셨습니다. 제게 "각별히 조심하세요. 당신 잘못으로 중요한 어떤 것을 간과하게 된다면 안타까운 일 아니겠습니까."라고 말씀하셨죠.

그 말씀을 듣고 지적 성실성을 새로운 관점에서 이해하게 됐습니다. 그때까지는 지적 성실성을 신앙과 반대되는 것으로만 생각했거든요. 정말 그렇다면 끔찍하겠지만 실제로는 그렇지 않죠. 그렇기 때문에 제가 신앙 쪽에 온전한 사랑을 느낄 수 있었을 겁니다. 신부님의 말씀을 듣고서 저도 모르는 사이에 편견, 습관 따위의 순수하지 못한 장해물이 신앙을 가로막았을지 모른다는 생각이 들었어요. 저는 참으로 오랫동안 '아마 다 진실이 아닐 거야.'라는 생각만 하다가 이제 그 생각을 끊어버리지는 않되 — 지금도 자주 그렇게 생각합니다만 — '전부 다 진실일지도 몰라.'라는 정반대의 생각도 직시해야 한다고, 그 두 생각을 번갈아 살펴야 한다고 느꼈습니다.

그와 동시에 신부님이 세례 문제를 저의 실질적인 문제로 제시하셨기 때문에 저는 신앙, 교리, 성사의 문제를 직시하고 주의 깊게 고려해야만 했습니다. 신부님은 그런 문제를 파악하고 수행해야 할 의무를 제게 일깨우셨어요. 그런 식이 아니고서는 제가 절대로 하지 않았을 일이지요. 하지만 저에게 꼭 필요한 일이었습니다.

그러나 신부님께 입은 가장 큰 은혜는 차원이 다릅니다. 신부님은 제가 비견할 대상을 찾을 수 없을 만큼 넉넉한 애덕으로 저의 우정을 받아주셨고, 그로써 인간사(人間事)에서 찾을 수 있는 가장 힘 있고 순수한 영감의 원천을 주셨습니다. 인간의 일 가운데 하느님의 친구들과의 사귐만큼 그분을 더 열렬히 바라보게 하는 것은 없으니까요.

그토록 오랫동안, 그렇게나 애정을 가지고 저를 참아 주셨다는 사실에서 신부님의 자비를 더없이 잘 가늠할 수 있습니다. 농담처럼 보일지 모르겠지만 그렇지 않아요. 사실, 신부님께서 저처럼 (지난번 편지에 썼듯이) 저 자신에게 미움과 반감을 느낄 이유가 없겠지요. 그럼에도 불구하고 저에 대한 신부님의 인내심은 초자연적인 너그러움에서만 나올 수 있지 싶습니다.

지금까지 저는 신부님을 더 이상 실망시킬 수 없을 만큼 실망시켰지요. 그러나 지금까지 기도나 미사 중에 고민해 보았고, 미사 후에도 영혼에 남은 광휘 속에서 곧잘 자문해 보았습니다만, 단 한 번도, 아니 일순간도 저의 입교가 하느님의 뜻이라는 생각은 들지 않았어요. 이제 신께서 제가 교회에 들어가기를 원치 않으신다는 결론을 내릴 수 있으리라 생각합니다. 그러니 부디 안타까이 여기지 말아 주세요.

적어도 지금까지는 하느님께서 원치 않으십니다. 제가 잘못 아는 게 아니라면, 아마 앞으로도 죽는 순간을 제외하고는 교단 밖에 머무는 것이 그분 뜻이지 싶습니다. 그렇지만 저는 하느님의 명령이라면 무엇이든 항상 복종할 준비가 되어 있어요. 지옥 한복판에 뛰어들어 영원히 거기에 머물라는 명령도 기꺼이 따를 거예요. 물론 제가 그런 유의 명령을 더 좋아한다는 뜻은 아닙니다. 제가 그렇게까지 이상하게 꼬인 사람은 아닙니다.

그리스도교는 보편교회이기에(catholique) 모든 소명을 예외 없이 포괄해야 합니다. 따라서 교회도 그래야 합니다. 그러나 제가 보기에 그리스도교는 당위상 보편교회일 뿐 사실상은 그렇지 않습니다. 제가 사랑하고 결코 놓아 버릴 수 없는 것들, 하느님께서 사랑하시지 않는다면 존재하지도 않았을 많은 것이 교회 밖에 있습니다. 지난 스무 세기를 제외한 과거의 광대한 시간, 유색 인종이 사는 나라들, 백인 국가들에서의 세속적 삶 일체, 그리고 그 나라들의 역사 속에서 이단으로 핍박당하는 종교적 전통(가령 마니교와 알비파), 르네상스에서 탄생했고 곧잘 타락하기는 했지만 결코 가치가 없지는 않은 것들이 다 교회의 바깥에 있습니다.

그리스도교가 당위적 보편성을 띨 뿐 실제로 그렇지는 않기 때문에, 저 또한 당위적으로는 교회의 일원이 되어야 하지만 실제로는 그렇지 않은 것이 적법하다고 봅니다. 비단 일시적으로만 그런 게 아니라 필요하다면 평생 그럴 수도 있겠지요.

그러나 적법성만의 문제가 아닙니다. 하느님께서 그렇게 하지 말라고 확실하게 명하시지 않는 한, 그게 제 의무라고 생각해요.

신부님께서도 그리 생각하시겠지만, 저는 사람들에게 참된 그리스도교의 실현 가능성을 보여 주는 것이 향후 두세 해 동안 감당해야 할 의무, 반드시 다하지 않으면 배반이 되고 마는 준엄한 의무라고 봅니다. 사실상 우리가 아는 역사를 통틀어 보건대, 지금처럼 지구 도처에서 영혼이 위험에 처한 때는 없었습니다. 청동 뱀을 다시금 높이 쳐들어 누구든지 그 뱀을 바라보는 자는 구원을 받을 수 있어야 합니다.[7]

그러나 모든 것이 서로 너무 밀접하게 연관돼 있기에 그리스도교는 제가 방금 정의한 의미에서의 보편성을 띠지 않고는 진정으로 실현될 수 없습니다. 그리스도교가 그 안에 전부를, 완전한 전부를 포용하지 않는다면

---

7. 모세가 청동으로 뱀을 만들어 깃대에 걸자 그때부터 뱀에 물린 사람이 청동 뱀을 쳐다보기만 해도 깨끗이 나았다는 일화를 암시한다.

어떻게 유럽 모든 민족의 육신을 통해서 순환할 수 있겠습니까? 물론 거짓은 그 전부에 포함되지 않습니다. 그러나 존재하는 모든 것에는 대개 거짓보다 진리가 더 많이 있습니다.

이렇듯 통렬한 절박감을 느끼면서 제가 태어나는 순간부터 줄곧 견지해 왔던 지점, 즉 그리스도교와 그리스도교가 아닌 모든 것과의 교차점에서 떠난다면 저는 진리를, 다시 말해 제가 감지한 진리의 양상을 배반하는 셈이 될 겁니다.

저는 늘 바로 이 지점에, 교회의 문턱에, 꼼짝 않고 가만히(ἐν ὑπομονῃ) 머물러 있었습니다(인내(patientia)라는 말보다는 훨씬 아름답지요!). 다만 이제 제 마음은 제단 위의 거룩한 성사로 영원히 넘어갔습니다. 제 바람은 그렇습니다.

아시다시피 H가 좋은 뜻에서 제게 전해 주었던 생각들과 저는 매우 동떨어져 있습니다. 그리고 전혀 괴롭지도 않습니다.

제가 슬퍼한다면 일단은 운명이 제 감성에 새겨 놓은 영원한 슬픔 때문입니다. 그러한 감성에 가장 크고 순수한 기쁨이 겹쳐질 수도 있지만, 그러려면 여간 주의를 기울이지 않으면 안 됩니다. 그다음으로는, 제가 거듭 저지르는 비참한 죄 때문에, 이 시대와 과거 모든 시대의 모든 불행 때문에 슬퍼합니다.

제가 항상 신부님 뜻을 따르지 못했던 까닭을 이해하시리라 생각합니다. 신부님이 사제임에도 불구하고 어떤 이는 진정한 소명 때문에 교회에 들어가지 않는다는 것을 받아들이실 수 있다면요.

그게 아니면 우리 사이에는 몰이해의 장벽이 남게 될 테지요. 그 잘못이 저에게 있든, 신부님께 있든 말입니다. 이는 신부님을 향한 저의 마음에 비추어 볼 때 몹시 슬픈 일이 되겠지요. 신부님께서 자비롭게도 의욕과 노력을 보여 주셨는데 실망만 남을 테니까요. 더구나 제 잘못은 아니더라도 저는 배은망덕하다는 자책감을 떨칠 수 없을 겁니다. 재차 말씀드리지만 저는 신부님께 헤아릴 수 없는 은혜를 입었으니까요.

신부님께서 한 가지 주목해 주셨으면 하는 것이 있습니다. 그리스도교의 실현에는 절대로 극복할 수 없는 장해물이 하나 있습니다. '저주받을 지어다'(anathema sit)라는 두 단어의 사용을 두고 하는 말입니다. 장해물은 이 단어들의 존재가 아니라 지금까지 그 말이 사용되어 온 방식입니다. 그게 제가 교회 문턱을 넘어가지 못하게 하는 장해물이기도 하고요. 저는 이 대수롭지 않은 두 단어 때문에 보편의 집합소인 교회에 들어가지 못하는 것들의 편에 서 있습니다. 더욱이 저 자신의 지성도 교회에 못 들어갈 것들에 속하기 때문에 그 편에 계속 머물러 있습니다.

그리스도교의 실현은 개인과 집단 사이의 문제를 조화롭게 해결한다는 뜻입니다. 피타고라스적인 의미에서의 조화, 즉 상반된 것들이 딱 맞게 이루는 균형 말입니다. 오늘날 사람들은 바로 이 해결을 갈망합니다.

지성의 위치는 조화의 시금석입니다. 지성은 특수한 것, 엄격히 말해 개인적인 것이기 때문입니다. 지성이 제자리를 지키고 얽매임 없이 제 기능을 온전히 다하는 곳이면 어디든 조화가 존재합니다. 성 토마스는 십자가에 못 박히는 고통에 대한 감수성을 다루면서 그리스도의 영혼의 모든 부분을 들어 가며 그 점을 잘 말해 주었습니다.

지성 고유의 기능은 완전한 자유를 요구합니다. 완전한 자유란 모든 것을 부인할 수 있는 권리요, 어떤 지배도 용납지 않는 것입니다. 지성이 월권을 행사하는 곳에선 개인주의가 기승을 부립니다. 반면, 지성이 불편을 느끼는 곳에는 억압적인 집단이 하나 혹은 다수 있습니다.

교회와 국가는 그들이 인정하지 않는 행동을 지성이 옹호할 때 나름의 방식대로 처벌을 해야 합니다. 지성이 순전히 이론적인 사색의 영역에 머무르더라도 사색이 실제로 생활 방식에 영향을 미치는 위험에 대해서는 교회와 국가가 효과적인 수단을 동원하여 대중의 경계심을 일깨울 의무가 있습니다. 그러나 어떤 이론적 사색이든 교회와 국가가 그 자체를 탄압하거나 그 창시자들에게 물질적·정신적 처벌을 할 권리는 없습니다. 특히 그들이 원하는 성사를 못 하게 막아서는 안 됩니다. 그들이 뭐라고 말하건, 설령 신의 존재를 공개적으로 부인했다 해도, 그들에겐 아무 죄도 없을 수 있습니다. 이 경우, 교회는 그들이 잘못했다고 선언할 수는 있어도 그들에게 자기가 한 말을 부인하라고 강요하거나 생명의 빵을 빼앗아서는 안 됩니다.

집단은 교리의 수호자입니다. 그리고 교리는 엄밀히 개인적인 세 가지 능력, 즉 사랑, 신앙, 지성의 관조 대상입니다. 그래서 거의 처음부터 그리스도교 안에서 개인은 불편을, 특히 지성의 불편을 느꼈습니다. 이건 부인할 수 없는 사실이지요.

진리 그 자체이신 그리스도 자신도 공의회처럼 회중 앞에서 말씀하실 때에는 사랑하는 벗과 대화할 때와 다른 언어를 구사했습니다. 그러한 문장들을 한데 놓고 비교해 본다면 모순이니 거짓이니 흠잡을 여지가 있겠지요. 태초부터 신께서 원하시고 스스로 존중하시는 자연법칙에 따라서, 동일한 단어들로 구성되지만 완전히 다른 두 언어, 즉 집단의 언어와 개인의 언어가 있기 때문입니다. 그리스도께서 우리에게 보내신 위로자(paraclete, 보혜사), 즉 진리의 성령은 상황에 따라 둘 중 어느 한 언어를 구사하고 이 언어들은 그 본성상 일치하지 않게 마련입니다.

하느님의 진정한 친구들, 제 견해로는 마이스터 에크하르트[8] 같은 이들이, 침묵 속에서 사랑과 합일하며 은밀히 들었던 말들을 그대로 전할 때, 그 말들이 교회의 가르침과 일치하지 않는 것은 광장의 언어가 신방(新房)의 언어와 같지 않기 때문입니다.

진짜 친밀한 대화는 두세 명끼리만 할 수 있다는 것을 누구나 압니다. 머릿수가 여섯, 일곱이 되면 그때부터 벌써 집단의 언어가 지배하기 시작합니다. 이런 이유에서 "두 사람이나 세 사람이라도 내 이름으로 모인 곳에는 나도 함께 있기 때문이다."라는 말씀을 교회에 적용하는 것은 전혀 말이 안 됩니다. 그리스도께서는 200명, 50명, 10명이 아니라 두세 명을 말씀하셨습니다. 얼굴과 얼굴을 마주하는 친밀한 대화, 그리스도교적인 친교에서 당신이 항상 제3자의 위치에 계신다고 꼭 집어 말씀하셨습니다.

그리스도께서는 교회에 여러 가지 약속들을 하셨으나 그중 "은밀히 계시는 아버지 하느님"만큼 심오한 표현은 없습니다. 하느님의 말씀은 비밀스러운 말씀입니다. 이 말씀을 듣지 못한 사람은 교회가 가르치는 모든 교리를 준수할지라도 진리를 접하지 못합니다.

교리의 보존 집단이라는 교회의 기능은 필수불가결합니다. 교회는 이 기능의 특정 영역을 일부러 공격하는 자에게 성사를 박탈함으로써 처벌할 권리와 의무가 있습니다.

그래서 제가 잘 알지는 못하지만 기존 교회가 루터를 처벌한 것은 옳았다고 잠정적으로나마 생각하려 합니다.

그러나 사랑과 지성이 교회의 언어를 기준으로 삼게끔 교회가 강요한다면

---

8. Meister Johannes Eckhart(1260?~1327). 중세 독일의 그리스도교 신비주의자. 만년에는 이단적인 설교를 했다는 이유로 종교재판에서 유죄 선고를 받았다.

그건 권력 남용입니다. 이 권력 남용은 하느님에게서 온 것이 아닙니다. 그저 모든 집단은 예외 없이 권력을 남용하려는 자연스러운 경향이 있을 뿐이죠.

그리스도의 신비체(神祕體)라는 이미지는 매우 유혹적입니다.[9] 그러나 그 이미지를 너무 중요시하는 오늘날의 태도는 심각한 타락의 신호 중 하나라고 봅니다. 설령 신비체일지라도, 그리스도의 육체일지라도, 우리의 진정한 존엄이 어떤 육체의 지체들이라는 사실에 있지는 않습니다. 그 존엄은, 우리 각자의 소명인 완전한 상태에서 우리가 우리 안에 살지 않고 그리스도께서 우리 안에 사시는 데 있습니다. 그렇게 해서 그리스도는 그분의 온전함과 분할되지 않는 일체성을 통하여 어떤 의미에서 우리가 되십니다. 마치 그리스도께서 성찬식의 면병 하나하나에 온전히 거하시듯 말입니다. 면병은 그분 신체의 일부가 아니지요.

신비체 이미지가 오늘날 차지하는 중요성은 그리스도교도들이 얼마나 비참하리만치 외부의 영향력에 휘둘리는지 보여 줍니다. 그리스도의 신비로운 몸의 일부가 된다는 데에는 분명 황홀한 도취가 있습니다. 그러나 오늘날에는 그리스도를 머리로 삼지 않는 여타의 신비체들도 그 구성원들에게 제가 보기에는 똑같은 성격의 도취를 선사합니다.

그리스도의 신비로운 몸의 일부가 되는 기쁨을 박탈당하는 것도 복종의 결과이기만 하다면 제게는 달갑기만 합니다. 하느님께서 저를 도우신다면 제가 그러한 기쁨 없이도 그리스도께 죽을 때까지 충실할 수 있다는 증거가 될 테니까요. 팽배한 사회적 감정이 사람들을 고통과 죽음에 빠뜨리면서까지 영웅심을 있는 대로 부추기는 이 시대에, 그리스도의 사랑은

---

9. 그리스도는 교회의 머리이고 교회는 그리스도의 몸이라는 사도 바울로의 말씀에서 유래한 이미지를 말한다. 교회에 속한 신자들은 지체로서 서로 결합하고 협력하여 신비로운 한 몸을 이룬다고 본다.

본질적으로 그런 게 아니라는 것을 보여 주기 위해서라도 양 몇 마리는 우리 밖에 머물러야 한다고 봅니다.

오늘날 교회는 집단적인 탄압에 대해서는 개인의 불가침한 권리라는 대의를, 폭력 정치에 대항해서는 사상의 자유라는 대의를 옹호하고 있습니다. 그러나 이러한 대의는 당분간 강자가 아닌 사람들이 가장 기꺼이 받아들이지요. 그들에게는 그 대의가 언젠가 강자가 되는 유일한 길이니까요. 다들 잘 알고 있는 대로입니다.

이러한 생각에 기분이 상하실지도 모르겠습니다. 하지만 그러시면 안 됩니다. 신부님이 곧 교회는 아니잖아요. 교회가 가장 그악스럽게 권력을 남용하던 시대에도 틀림없이 신부님 같은 분들이 계셨겠지요. 신부님 본인은 신앙과 교단의 완전한 일치를 보셨다 해도 신앙은 어떤 보장이 될 수 없습니다. 사정이 어떻게 변할지는 신부님도 예측하실 수 없습니다.

현재 교회의 태도가 효력을 발휘하고 진정으로 사회적 삶에 쐐기처럼 파고들 수 있으려면 교회는 변화를, 아니면 변화에 대한 갈망이라도 공개적으로 천명해야 합니다. 그렇지 않으면 종교 재판을 기억하는 이들이 교회의 말을 진지하게 받아들이겠습니까? 종교재판 얘기를 꺼내서 죄송합니다. 신부님과의 우정을 신부님의 소속 교단에까지 확대해서 생각하는 저로서도 이 문제를 건드리기가 편치 않습니다. 하지만 분명히 있었던 일이지요. 전체주의 제국 로마가 몰락한 후, 교회는 알비파와의 전쟁을 거쳐 13세기 유럽에 처음으로 또 하나의 전체주의를 수립했습니다. 그 나무는 실로 많은 열매를 맺었습니다.

그리고 이 전체주의의 원동력은 "저주받을지어다"라는 두 단어를 써먹는 것이었습니다.

더구나 이 시대에 전체주의 정권을 수립한 모든 정당들은 이 표현의 용법을 적절히 변형함으로써 형성되었지요. 저는 역사에서 이 부분을 특별히 연구해 왔습니다.

제게 너무 벅차고 제가 이해할 권한도 없는 문제들을 두고 이렇게 말해 봤자 사탄의 교만처럼 보일 뿐이겠지요. 그게 제 잘못은 아닙니다. 관념들이 어쩌다 실수로 저의 마음속에 자리를 잡았다가 자기 실수를 알아차리고 밖으로 튀어나가려 발버둥 칩니다. 저는 그 관념들이 어디서 오는지, 어떤 가치가 있는지 모릅니다. 어찌 됐든 간에 제게 그 작용을 막을 권리가 있다고는 생각지 않습니다.

안녕히 계십시오. 모든 선한 일이 신부님께 이루어지기를 바랍니다. 단, 십자가는 제외하고 말입니다. 알아차리셨겠지만 저는 이웃을, 특히 신부님을 저 자신처럼 사랑하지는 않습니다. 그러나 그리스도께서는 사랑하는 벗[10]에게, 그 벗과 영적으로 같은 혈통을 지닌 모든 이에게, 타락, 신성 모독, 슬픔을 통해서가 아니라 기쁨, 순수, 부단한 애정을 통해서 당신께 오라고 말씀하셨지요. 그러니 어느 날 신부님께서 주님을 위해 영광스럽게 횡사하신다 할지라도 그 죽음을 아무 불안 없는 기쁨으로 맞이하시기를 제가 기원합니다. 또한 팔복(八福) 가운데 오직 세 가지 복 — 온유한 자(mites), 마음이 깨끗한 자(mundo corde), 평화를 이루는 자(pacifici)의 복 — 이 신부님께 있기를 기원합니다. 나머지 복들에는 크고 작은 고통이 있기 때문입니다.

인간의 우애가 나약하기 때문에 이러한 기원을 올리는 것은 아닙니다.

---

10. 그리스도가 제자들 가운데 특히 아끼고 사랑하여 십자가상에서 성모를 의탁하기도 했던 요한을 가리킨다.

저는 누구를 생각하든 그 사람에게 슬픔과 불행이 합당치 않다고 결론 내릴 만한 이유를 항상 발견합니다. 아주 큰 불행을 감당하기에는 그 사람이 보잘것없든가, 혹은 반대로 불행으로 망가지기에는 그 사람이 너무 귀한 존재로 보이지요. 가장 본질적인 두 계명 가운데 후자를 이보다 더 심각하게 위배할 수 있을까요. 그리고 전자에 대해서는 더 끔찍한 죄를 범하고 있는 셈입니다.[11] 저는 그리스도께서 십자가에 못 박히심을 생각할 때마다 질투의 죄를 저지르니까요.

그 어느 때보다도, 또한 영원히, 자식과 같은 마음으로 따뜻한 감사를 보냅니다.

시몬 베유

---

11. 가장 본질적인 두 계명이란 '주 너의 하느님을 사랑하라'는 계명과 '네 이웃을 너 자신처럼 사랑하라'는 계명을 가리킨다.

편지 5
지적 소명

카사블랑카에서

친애하는 S.에게,

다음 네 가지를 함께 보냅니다.

첫째는 페랭 신부님께 보내는 개인적인 편지입니다. 긴급할 이유가 하나도 없는, 장문의 편지죠. 이 편지는 부치지 마시고 직접 그분을 만나 전해 주세요. 시간과 정신적 여유가 넉넉할 때를 기하여 읽어 주십사 전해 주십시오.

둘째 글은(제가 편의상 봉인했지만 이 봉투와 나머지 두 봉투는 뜯어 보셔도 괜찮습니다) 피타고라스학파의 글에 주석을 단 것입니다. 그러나 이 논평을 마칠 시간이 없었기 때문에 제가 떠나면서 두고 가는 작업에 추가해야 합니다. 번호가 매겨져 있기 때문에 쉽게 작업할 수 있을 겁니다. 조잡하게 쓴 글인데다가 구성도 엉망이라서 소리 내어 읽어 보니 정말로 이해도 안 가고, 너무 길어서 다시 정서할 수도 없었습니다. 하지만 제 사정상 이 상태로 보낼 수밖에 없네요.

페랭 신부님께는 일전에 말씀드렸듯이 최종적으로는 티봉이 저의 모든 글을 맡아 제 노트와 함께 정리해 주기 바란다고 전해 주세요. 그러나 신부님 용도에 알맞게 마지막 한 방울까지 쥐어짜서 쓰실 수 있는 동안은 제 글을 계속 가지고 계셔도 됩니다. 또한 신부님께서 임의로 누군가에게 그 글을 보여 주셔도 괜찮습니다. 그 부분은 전적으로 신부님께 모든 권리를 위임합니다. 저는 다만, 그리스어 원문들 자체를 제외하면 아무런 가치도 없는 선물이 아닐까 싶어 저어할 뿐입니다. 하지만 달리 드릴 것이 없네요.

셋째로는, 제가 작업한 소포클레스 단편 번역을 동봉했습니다. 엘렉트라와 오레스테스의 대화 전문으로서 S.에게 맡긴 작업물 안에도 그중 몇 절만 인용한 바 있습니다. 이 구절들을 옮기는 동안 제 마음 깊이 은밀한 울림이 있었습니다. 엘렉트라를 인간의 영혼으로 간주하고 오레스테스를 그리스도로 보는 이 해석은 마치 제가 직접 그 문장들을 쓴 것처럼 확실하게 와 닿았습니다. 이 얘기도 페랭 신부님에게 전해 주세요. 신부님도 글을 읽으면 이해하실 거예요.

지금 이 편지도 신부님께 읽어 주십시오. 페랭 신부님께서 마음 아파하시지 않기를 진심으로 바랍니다.

피타고라스학파에 대한 연구를 완성하면서 제 소명을 깨달았습니다. 어쨌든 교회나 그리스도교 교리에는 암묵적으로도 매이지 말고 교회 밖에 남아야 한다고, 인간이 결정과 확실성을 말할 수 있는 한에서는 결정적이고도 확실하게 느꼈습니다. 어쨌든 조금이라도 지적인 작업을 할 수 있는 동안은 그 소명에 따라야 할 것입니다. 지성의 영역에서 하느님과 그리스도교 신앙에 봉사하려면 그래야지요. 저의 고유한 소명은 높은 수준의 지적 성실성을 의무로 요구합니다. 그러한 지적 성실성은 모든 이념에 예외 없이, 가령 유물론과 무신론에 대해서도 차별을 두지 말라고 요구합니다. 모든 것을 똑같이 수용하되 모든 것에 똑같이 유보적이라야 하지요. 물이 그 물 속에 떨어지는 대상들에 대하여 무심한 것처럼 말이에요. 물은 그것들의 경중을 따지지 않습니다. 한동안의 동요가 가라앉고 나면 그 대상들의 경중은 절로 가늠됩니다.

제가 물과 같은 무심함에 실제로 이르지는 못했다는 것을 잘 압니다. 제 분에 넘치는 일이죠. 그러나 제게는 그렇게 되어야 할 의무가 있습니다. 그리고 교회 안에 있으면 절대로 그렇게 될 수 없을 겁니다. 저는 물과 성령으로 거듭나기 위해서 가시적인 물을 삼가야 하는 특수한 경우예요.

그렇다고 제게 지적 창조력이 있다고 생각진 않습니다. 그래도 그러한 창조와 관련된 의무는 느낍니다. 이건 제 탓이 아닙니다, 저도 어쩔 수 없는 일이에요. 지적 창조나 예술적 창조의 조건은 심히 개인적이고 비밀스럽기 때문에 아무도 외부에서 내부로 침투할 수 없습니다. 예술가들이 자신들의 좋지 못한 행위를 이런 식으로 변명한다는 것은 잘 압니다. 그러나 제 경우는 전혀 다릅니다.

지적 수준에서 중립적인 사고가 하느님의 사랑, 혹은 하루하루 매순간 새로워지는 사랑의 맹세와 양립할 수 없는 것은 아닙니다. 그러한 맹세는 매번 영원하고, 매번 전적으로 흠 없고 새롭습니다. 저는 응당 그러한 모습이 되어야겠지요.

제 입장이 불안정하게 보일지도 모르지만 저는 신의로 말미암아 동요하지 않고(ἐν ὑπομονῃ) 언제까지나 그 지점에 머물 수 있을 겁니다. 하느님께서 그러한 신의의 은총을 저에게 거부하시지 않기만을 바랍니다.

제가 그리스도께서 세우신 방법대로 그분의 육신을 나누지 못하는 이유는 진리로서의 그리스도를 섬기기 위함입니다. 정확히 말하자면, 제가 그러지 못하는 것은 그리스도의 뜻입니다. 지금까지 그것이 제 선택이었다고 느낀 적은 단 한 순간도 없었으니까요. 저는 평생 그리스도의 성체를 나누지 못할 거라고, 인간이 확신을 말할 수 있는 선에서는 확신하고 있습니다. 예외가 있다면 제가 지적인 노동을 확실하고도 완전히 못 하게 될 때겠지요.

만약 이 일로 페랭 신부님이 슬퍼하신다면 신부님께서 저를 빨리 잊어주시기를 바랄 뿐입니다. 신부님 마음을 조금이라도 슬프게 하느니 차라리 제가 그분의 생각에서 완전히 사라지기를 바랍니다. 그러나 행여 신부님께서 제 경우에서도 어떤 유익을 끌어내실 수 있다면 좋은 일이지요.

첨부하는 글 중에는 제가 실수로 가져와 버린 학교 공부의 영적 효용에 대한 글도 있습니다. 페랭 신부님은 몽펠리에 J. E. C.[1] 청년들과 간접적으로 관계가 있으니 이 글이 도움이 될 것입니다. 여하튼 이 글도 신부님 재량에 맡깁니다.

S.에게 신세를 많이 졌네요. 저에게 베풀어 주신 친절에 다시 한 번 깊이 감사드립니다. 가끔 서로 소식을 주고받았으면 좋겠지만 어떻게 될지 모르겠군요.

우정을 담아,
시몬 베유

---

1. 그리스도교 대학 청년회(Jeunesse Etudiante Chrétienne)의 약자에 해당한다.

편지 6
막바지의 생각

1942년 5월 26일(카사블랑카에서)

신부님께,

늘 선의 어린 편지를 보내 주시니 감사합니다. 프랑스를 떠날 때 신부님께서 들려주신 애정 어린 몇 마디 말씀이 제게는 참으로 소중했어요.

신부님께서는 사도 바울로의 영광스러운 말씀을 인용하셨지요. 그러나 제가 제 비참함을 고백하면서 하느님의 자비를 잘못 알고 있다는 인상을 드리지는 않았기를 바랍니다. 제가 그 정도로 비열하고 배은망덕한 사람은 아니었기를, 앞으로도 아니기를 바랍니다. 저는 소망이나 약속이 있어야만 신의 넘치는 자비를 믿는 사람이 아닙니다. 그 넘치는 자비를 저는 분명한 경험으로 접해 보았습니다. 제가 접한 하느님의 자비는 제가 이해하고 감사할 수 있는 수준이 아니기 때문에 장차 이루어질 축복의 약속도 무엇 하나 더 보탬이 되지 않습니다. 인간의 지성으로는 무한에 무한을 더해 봤자 여전히 무한인 것과 마찬가지입니다.

하느님의 자비는 기쁠 때나 괴로울 때나 같은 자격으로 나타납니다. 아니, 어쩌면 그 자비는 인간의 것과 닮은 구석이 없기에 괴로울 때에 되레 뚜렷이 나타날지도 모릅니다. 인간의 자비는 기쁨을 끼칠 때, 혹은 육신의 치유나 교육의 효과를 얻기 위해 고통을 가할 때 나타납니다. 그러나 신의 자비는 불행의 외적인 효과로 입증되지 않습니다. 진짜 불행의 외적인 효과는 거의 항상 좋지 않은 것이지요. 이런 사실을 덮어 두려 한다면 거짓말하는 셈입니다. 하느님의 자비는 불행 자체에서 환히 빛납니다. 다시 말해, 위로할 수조차 없는 비통함 속에서 빛나는 것이지요. 우리 영혼이 "하느님, 어찌하여 저를 버리셨습니까?"라는 절규를 참을 수 없는 지경에도 여전히 사랑으로 인내한다면, 우리가 그 정도로 부단히 사랑한다면 결국 불행도 기쁨도 아닌 그 무엇에 도달합니다. 중요하고 순수하며 감각적이지 않은 핵심적 정수(精髓), 기쁨과 슬픔에 공통적인 그것이 바로 신의 사랑 그 자체입니다.

이때 기쁨은 하느님의 사랑과 접하는 감미로움이요, 불행은 동일한 접촉이 고통스러울 때에 생기는 상처요, 중요한 것은 접촉 자체이지 접촉의 양상은 아니라는 것을 알게 됩니다.

소중한 사람을 오랜만에 만날 때, 그가 그 자리에 있음을 확인시켜 주는 그의 음성이 중요하지, 그 사람과 주고받는 말은 중요하지 않은 것과 마찬가지입니다.

신의 존재를 안다고 해서 위안을 얻거나, 불행의 쓰라린 고통이 다소 가시거나, 영혼의 상처가 치유되는 것은 아닙니다. 그러나 우리는 어떤 면에서 우리를 향한 하느님의 사랑이 이 쓰라림과 상처의 실체라는 것을 확실히 압니다.

제가 감사하는 마음으로 이 사실의 증인이 될 수 있으면 좋겠습니다.

《일리아스》를 지은 시인은 그러한 증인이 될 수 있을 만큼 신을 사랑했습니다. 그 사랑이 그 시가의 암묵적인 의미와 그 아름다움의 유일한 근원이었습니다. 그러나 사람들은 그 점을 전혀 이해하지 못했습니다.

설사 지상의 삶이 전부요, 죽음의 순간이 그 어떤 새로운 것을 가져다 주지 않는다 해도 한없이 넘치는 하느님의 자비는 이 땅 전체에 이미 비밀스럽게 임재해 있습니다.

제가 심각한 과오를 저지르지 않았는데도 죽어서 지옥에 간다는, 말도 안 되는 가정을 해 보더라도 이토록 미흡한 제가 지상에서의 삶을 누렸으니 하느님의 한량없는 자비에 한량없이 감사해야 마땅합니다. 따라서 그렇게 가정을 하더라도 저는 하느님의 넘치는 자비 중에서 제 몫을 다 받았다고 생각합니다. 여기 현세에서 이미 신을 사랑하는 능력과, 신의 실체를 참되고 영원하며 완전하고 무한한 기쁨으로 확신하는 능력을 받았기 때문입니다. 우리는 육체의 베일을 통해서 저 높은 곳으로부터 영원에 대한 예감을 받았습니다. 그 예감만으로도 모든 의심을 떨치기에 충분합니다.

이 이상 무엇을 요구하며 무엇을 바랄까요? 아들의 기쁨을 확신한 어머니, 애인의 기쁨을 확신한 여인은 달리 바랄 것도 없고 더할 나위도 없습니다. 우리는 그 이상을 가졌습니다. 우리가 사랑하는 것은 완전한 기쁨 그 자체입니다. 이것을 알면 소망조차 헛되고 무의미해집니다. 유일하게 바랄 것은, 우리가 지상에서 불복종하는 일이 없게끔 은총을 내려 주십사 하는 것이지요. 나머지 일들은 하느님의 소관이니 우리와 무관합니다.

그렇기 때문에 오랫동안 끊임없는 고통에 상상력이 훼손되어 제게 구원이 가능하다는 생각조차 못 했지만 그래도 제게 부족함은 없습니다. 신부님이 아무리 말씀하셔도 신부님의 진정한 우애를 납득시키는 것 이상의 효과는 없습니다. 그런 면에서는 신부님의 편지가 제게 무척 소중했습니다.

그러나 그 편지는 저에게 달리 영향을 줄 수 없었고, 그럴 필요도 없었습니다.

저의 딱한 약점에 대해서는 충분히 잘 알고 있습니다. 조금만 사정이 달랐어도 제 영혼은 입추의 여지도 없이 고통으로 가득 차 이미 말씀드린 바와 같은 생각이 들어설 여지도 없었을 겁니다. 그러나 그것도 중요한 문제는 아닙니다. 확실성은 정신 상태에 달린 것이 아니지요. 확실성은 늘 완벽하게 굳건합니다.

그 확실성을 정말로 모르겠다 싶은 때가 있기는 있습니다. 타인의 불행을 접할 때가 그렇지요. 제가 관심 없거나 아예 알지 못하는 다른 사람들, 아니 나아가 머나먼 옛날에 살았던 사람들을 포함해서 말입니다. 저는 불행과의 접촉에서 영혼이 갈가리 찢기듯 혹독한 고통을 느꼈고, 그 때문에 한동안 하느님을 도무지 사랑할 수 없었습니다. 불가능을 말하기까지 그리 많은 것이 필요하지 않았습니다. 저 자신이 불안해서 견딜 수 없을 정도였지요. 저는 그리스도께서 예루살렘 함락의 참상을 예견하시고 눈물을 흘리셨다는 말씀을 기억하며 조금이나마 마음을 달랩니다. 그리스도께서 연민을 허락하시기를 바랍니다.

제가 세례를 받는 날이 신부님께 커다란 기쁨이 될 거라 하셔서 마음이 아팠습니다. 신부님께 그토록 많은 것을 받았고, 제가 하려고 들면 신부님께 기쁨을 드릴 수도 있으니까요. 하지만 그렇게 해야겠다는 생각은 단 한 순간도 들지 않습니다. 저도 어쩔 수 없습니다. 그렇게 할 수 없었던 유일한 이유가 하느님이었다고 저는 진정으로 믿습니다.

순전히 인간관계로만 생각해도 저는 한없이 감사드려야 마땅합니다. 신부님을 제외하면, 제가 우정을 품었기에 쉽사리 저의 마음을 아프게 할 수 있었던 사람들은 모두 다, 곧잘 그랬든 어쩌다 그랬든, 의식적으로든 무의식적으로든, 어쨌든 가끔은 그런 일을 즐기곤 했습니다. 저는 의식적으로 그런 짓을 하는 사람에게는 당사자에게 아무 말 않고 바로 우정을 철회했습니다.

그들은 악의에서 그랬던 것은 아닙니다. 다들 알다시피 암탉들은 무리에 부상을 입은 암탉이 한 마리 있으면 마구 달려들어 쪼아 대지요. 그런 현상과 마찬가지일 뿐입니다.

누구나 이런 동물적 본성을 품고 있습니다. 이 본성이 알게 모르게, 동의하건 동의하지 않건 간에, 동족에 대한 태도를 결정합니다. 그리하여 인간의 동물성은 마음이 알아채지 못하는 사이에도, 다른 이의 동물성이 훼손된 것을 감지하고 그에 맞게 행동하곤 하지요. 어떤 상황에서든, 이에 상응하는 동물들의 반응이 어떤 것이든 마찬가지입니다. 이 기계적인 필연성은 매 순간 인간을 휘어잡습니다. 영혼에 진정한 초자연성이 얼마만큼 들어와 있느냐에 따라서 인간은 이 필연성을 물리칠 수 있습니다.

이 문제는 불완전하게 파악하는 것조차도 매우 어렵습니다. 그러나 완벽한 파악이 가능하다면 영혼의 생에서 초자연성이 차지하는 몫의 기준, 다시 말해 저울처럼 정확하되 모든 종교적 신앙들에서 독립된 확실한 기준도 있을 테지요. 여러 가지 얘기를 할 수 있지만, 특히 "이 두 계명은 결국 하나이니라."라는 그리스도의 말씀이 바로 여기에 해당합니다.

신부님을 대할 때만은 이러한 기계적인 필연성을 느끼지 못했습니다. 신부님에 대한 제 입장은 배가 고프지 않은 때가 없을 정도로 가난한 거지의 입장과 같습니다. 이 거지가 부잣집에 일 년간 수시로 밥을 얻어먹으러 가고도 굴욕감을 느끼지 않기는 난생 처음이었습니다. 거지는 자기가 얻어먹은 밥의 대가로 목숨을 내놓고 모든 것을 내어 준다 해도 여전히 신세를 다 갚지 못했다 여길 것입니다.

게다가 신부님과의 인간적인 관계에 하느님의 광명이 영원히 있기에 저로서는 한층 더 감사를 드리지 않을 수 없습니다.

그러나 저는 감사를 표하면서도 신부님께서 짜증내시는 것이 마땅한 얘기만 늘어놓지 않을 수 없네요. 그런 얘기를 하는 것은, 아니 생각하는 것조차도 옳지 않겠지요. 제겐 그럴 권리가 없으며, 그 점은 잘 알고 있습니다.

하지만 제가 실제로 그런 생각을 했는데 어찌 감히 숨기겠습니까. 그 생각이 그릇된 것이라면 해를 끼치지 않을 것입니다. 그러나 그 생각에 진리가 없으란 법이 있습니까. 행여 거기에 진리가 있다면 하느님께서 제가 쥔 펜을 통하여 신부님께 그 진리를 보내신다 생각할 수도 있겠지요. 어떤 생각은 직접적인 영감에서 오지만, 또 어떤 생각은 피조물의 중재를 거치는 것이 더 낫습니다. 하느님께서는 당신의 벗들에게 이 둘 중 한 방법을 쓰십니다. 그 어떤 것이든, 예를 들면 나귀도 얼마든지 중재자로 쓰임 받을 수 있습니다.[1] 어쩌면 하느님께서는 가장 비루한 존재들을 즐겨 그렇게 사용하시나 봅니다. 저 자신에게 그렇게 말하지 않으면 저도 제 생각이 두렵습니다.

신부님께 저의 영적인 자서전을 간략하게나마 전달한 데에는 이유가 있습니다. 신부님께서 직접적으로 표현되지 않는 신앙의 구체적이고 틀림없는 사례를 보셨으면 해서요. 신부님께서는 제가 거짓말을 하지 않는다는 것을 잘 아시니 틀림없는 사례가 될 겁니다.

---

1. 《민수기》 22장에서 야훼가 나귀의 입을 통하여 발라암에게 말씀을 전한 일화를 염두에 둔 것이다.

신부님께서는 제가 그리스도교인이라는 이름을 누릴 권리가 있다고 생각하시죠. 그 생각이 맞는지 틀리는지는 모르겠지만요. 저는 제 유년기와 청년기에 대해서 이야기하면서 소명, 복종, 청빈의 정신, 순수, 받아들임, 이웃에 대한 사랑, 그 밖의 비슷한 표현들을 현재 그 말들이 제게 의미하는 바대로 엄밀하게 사용했습니다. 그러나 저는 부모님과 오빠에게서 완전한 불가지론에 입각한 교육을 받았고 거기서 벗어나려는 노력을 일절 하지 않았어요. 벗어날 마음이 눈곱만큼도 없었고 저 나름대로는 그게 옳다고 생각했지요. 그럼에도 불구하고 태어나서부터 지금까지의 제 결점과 불완전함은 무지를 변명 삼을 수 없습니다. 어린양이 분노하시는 날에 저는 이 모든 것을 청산해야 할 것입니다.

그리스, 이집트, 고대 인도, 고대 중국, 세계의 아름다움, 예술과 학문에 나타난 이 아름다움의 순수하고 진정한 반영, 종교적 신앙이 없는 사람들의 마음 깊은 곳에 숨겨진 장관(壯觀), 제가 그리스도의 포로가 된 데에는 이 모든 것이 누가 봐도 그리스도교적인 것들과 똑같이 작용했다는 제 말을 믿어 주세요. 아니, 그 이상의 얘기도 할 수 있습니다. 가시적인 그리스도교 밖에 있는 것들을 향한 사랑이 저를 교회 밖에 붙잡아 놓습니다.

이러한 영적 운명을 이해할 수 없으시겠지요. 하지만 바로 그렇기 때문에 성찰의 대상으로 삼음 직합니다. 우리는 우리 자신으로부터 벗어나도록 강요하는 바로 그것을 성찰해 보는 것이 좋습니다. 신부님께서 어떻게 저를 진정한 벗으로 여기시게 되었는지는 잘 모르겠습니다. 그러나 분명히 저에게 우애를 품고 계시니 그 부분에 대해서 성찰해 보시면 어떨지요.

이론상으로 신부님께서는 암묵적인 신앙의 가능성을 완전히 인정하십니다. 또한 실제로 신부님께서는 보기 드문 정신적 도량과 지적 성실성을 갖추고 계십니다. 그렇지만 저는 그 정도로는 아직 불충분하다고 생각합니다. 완전한 것만이 충분합니다.

제가 옳게 보았는지 잘못 생각했는지 모르지만 이따금 신부님께서도 편파적인 태도를 보이시는 듯했습니다. 특히 직접적으로 표현되지 않는 신앙의 가능성을 실제 개별 사례들에서 인정하는 데 반감을 느끼시는 것 같았습니다. 적어도 제가 B라는 사람에 대하여 말씀드렸을 때, 특히 제가 성인과 다름없다고 생각하는 스페인 농부에 대하여 말씀드렸을 때에는 그랬습니다. 사실 제 잘못이 큽니다. 저는 너무 서투른 사람이라서 제가 사랑하는 것에 대해서 말을 하면 되레 그것에 손해를 끼치고 맙니다. 그런 경우가 한두 번이 아니었어요. 어쨌든 신부님은 고통조차 세상 질서의 일부로 받아들이는 무신론자들도 그리스도교인, 그리고 하느님의 뜻에 대한 복종과 맞닿아 있다고 생각하시지 않는 듯했습니다. 하지만 결국 같은 얘기입니다. 적어도 제가 정말로 그리스도교인이라는 이름을 가질 권리가 있다면 저는 스토아주의자들의 덕과 그리스도교도들의 덕이 동일하다는 것을 경험상 안다고 하겠습니다. 물론 제가 말씀드리는 스토아주의자들의 덕은 무엇보다도 사랑을 의미하지, 일부 상스러운 로마인들이 희화한 그런 덕이 아닙니다. 신부님도 원칙상으로는 부인하실 수 없을 겁니다. 그러나 사실로 들어오면, 구체적인 지금 세상의 사례들로 들어오면, 신부님은 스토아주의의 덕에 초자연적 효력이 있다고 인정하기 싫어하십니다.

신부님께서는 언젠가 비정통파를 가리켜 '거짓'이라고 말씀하심으로써 저에게 큰 상처를 주셨습니다. 신부님께서 금방 스스로 정정하시긴 했지만 제 생각에 이건 지적 성실성이 용납할 수 없는 용어의 혼동입니다. 이러한 일이 진리이신 그리스도를 기쁘게 할 리는 만무합니다.

이런 점에서 저는 분명히 신부님께 심각한 불완전성이 있다고 봅니다. 그런데 왜 신부님께 불완전성이 있을까요? 신부님은 불완전성과 전혀 어울리지 않는 분입니다. 이건 마치 아름다운 노래에 잘못된 음 하나가 끼어들어 있는 것 같습니다.

저는 이 불완전성이 신부님께서 지상의 조국과 기성 교회에 애착을 품고 계시기 때문에 발생한다고 봅니다. 사실 교회가 신부님께는 천상의 조국과의 연결 고리이자 지상에서의 조국이지요. 실제로 교회의 인간적으로 따뜻한 분위기 속에서 살고 계시기도 하고요. 지상의 조국에 어찌 다소간의 애착이 없겠습니까.

그 애착은 십자가의 성 요한이 말했던 한없이 가느다란 실 같은 것으로서, 끊어지지만 않는다면 거대한 쇠사슬 못지않게 굳건히 새를 지상에 잡아매어 놓을 수 있습니다. 저는 이 마지막 실이 가느다랗지만 가장 끊기 어려운 것이라 생각합니다. 그 실이 끊어지면 날아올라야 하는데 그게 두려운 일이니까요. 그럼에도 그 실을 끊어야 할 절대적인 의무가 있습니다.

하느님의 자녀들은 우주 자체, 즉 도리에 맞는 모든 피조물을 지금까지 품어 왔고 지금도 품고 있으며 앞으로도 그러할 우주 외에는 지상에 조국을 두지 말아야 합니다. 그 우주만이 우리의 사랑을 받아 마땅한 고향입니다.

우주보다도 덜 방대한 것들이, 가령 교회는 지극히 광범위한 의무들을 부과합니다. 그러나 사랑해야 할 의무는 그중에 없습니다. 적어도 저는 그렇게 믿습니다. 그리고 지성과 관련한 의무도 없다고 믿어 의심치 않습니다.

우리의 사랑은 햇살처럼 모든 공간에 두루 퍼져야 하며 모든 부분에 고루 미쳐야 합니다. 그리스도께서는 하느님께서 아무 차별 없이 햇살을 비춰 주시듯 우리가 하늘에 계신 아버지를 본받아 완전하기를 당부하셨습니다. 우리의 지성 또한 그렇게 완전하고 공평무사해야 합니다.

모든 존재자는 하느님이 창조하셨으니 그 창조의 사랑으로 다 같이 존재를 유지합니다. 하느님의 벗들은 지상의 모든 것에 대한 하느님의 사랑과 자기들의 사랑을 일치시킬 만큼 그분을 사랑해야 합니다.

한 영혼이 사랑으로 우주를 공평하게 채우기에 이르렀을 때, 이 사랑은 황금 날개의 새가 되어 세계라는 알을 깨뜨립니다. 그 후, 영혼은 안으로부터가 아니라 바깥에서부터 우주를 사랑합니다. 우리의 처음 난 형제 되시는 하느님의 지혜가 거하는 곳에서부터 말입니다. 그러한 사랑은 신 안에서가 아니라 신이 거하시는 곳에서부터 존재와 사물을 사랑합니다. 이 사랑은 하느님 곁에서, 하느님의 시선과 구별되지 않는 시선으로, 모든 존재와 사물을 굽어봅니다.

보편(catholique)이 되어야 합니다. 다시 말해 피조물 전체가 아니면 어떠한 피조물에도 매이지 말아야 합니다. 과거 성인들에게는 이 보편성이 명시적으로 표현되지 않고도 존재할 수 있었죠. 그들 자신은 이 보편성을 깨닫지 못했을 수도 있어요. 그들은 한편으로 하느님과 그분이 창조하신 우주 전체를 사랑하고, 다른 한편으로는 우주보다 작은 모든 것들에 의무를 다함으로써, 자기 영혼을 암묵적으로 적당히 나눌 수 있었습니다. 성 프란체스코와 십자가의 성 요한이 그런 성인들이었다고 생각합니다. 두 사람 모두 시인이기도 했지요.

우리는 분명 이웃을 사랑해야 합니다. 그런데 그리스도께서는 이 계명을 설명하시면서 인사불성이 되어 길가에 피투성이로 쓰러져 있는 생판 낯모르는 사람을 그 이웃의 예로 드셨습니다. 이것은 완전한 익명의 사랑,

그렇기 때문에 완전히 보편적인 사랑이지요.

그리스도께서 제자들에게 "너희도 서로 사랑하여라."라고 말씀하신 것도 사실입니다. 그러나 이때 말씀하신 것은 우정, 즉 하느님의 친구들을 연결하는 두 존재 사이의 개인적인 우정이라고 봅니다. 우정은 보편적 사랑이라는 의무의 정당한 예외입니다. 그리고 제 생각에 우정은 사방으로 어떤 거리를 유지하는 공평무사함에 촘촘히 둘러싸일 때에만 진정으로 순수할 수 있습니다.

우리는 전대미문의 시대에 살고 있습니다. 전에는 보편성이 암묵적일 수 있었지만 현 상황에서는 완전히 명시적으로 드러나야 합니다. 우리 언어와 생활 방식 전체에 보편성이 침투해야 합니다.

지금은 그저 성인이 되는 것만으로는 충분치 않습니다. 이 시대가 요구하는 성스러움, 전례가 없는 새로운 성스러움이 필요합니다.

마리탱[2]도 이런 말을 했으나, 그는 과거의 성스러움의 측면들 가운데 적어도 당분간 통할 수 있는 덜 뒤처진 측면들을 나열했을 뿐입니다. 그는 오늘날의 성스러움이 얼마나 경이로운 새로움을 갖추어야 하는지 절감하지 못했습니다.

새로운 유형의 성스러움, 그것은 일종의 원천이요, 발명입니다. 만약 모든 것이 각기 제자리를 차지하고 그것들 간의 비율이 유지된다면 새로운 유형의 성스러움은 우주와 인간 운명의 새로운 계시 비슷한 것이 될 것입니다. 지금까지 두꺼운 더께에 가려 있던 진리와 아름다움을 크게 내보이는 셈이겠지요. 그러자면 역학과 물리학을 고안한 아르키메데스의 천재성 그 이상이 필요합니다. 새로운 성스러움은 더욱더 놀라운 발명이니까요.

---

2. Jacques Maritain(1882~1973). 프랑스의 가톨릭 사상가. 신토마스주의의 대표적인 학자.

하느님의 친구들에게서 천재성을 빼앗는 것은 일종의 도착성(perversité) 뿐입니다. 하느님의 친구들은 그리스도의 이름으로 아버지께 청하기만 하면 천재성을 넘치도록 받기 때문입니다.

그러한 청원은 오늘날 꼭 필요하기에 어느 정도 정당합니다. 저는 이런 형태로든 비슷한 다른 형태로든 시급히 청원을 올려야 한다고 생각합니다. 굶주린 어린애가 빵을 달라고 자꾸 졸라 대듯이 그러한 청원을 시시각각 올려야 합니다. 전염병이 휩쓴 도시가 의사를 필요로 하듯이 세상은 재능 있는 성인들을 필요로 합니다. 필요가 있는 곳에는 의무도 있습니다.

이러한 생각들, 그리고 여기에 수반되는 다른 모든 생각들이 저 자신에게는 쓸모가 없습니다. 제가 비겁하게도 저의 커다란 불완전성을 방임했기 때문에 그러한 생각들이 적용 가능한 지점은 저에게 너무 멀기만 합니다. 저 자신을 용서할 수 없는 부분이지요. 아무리 운이 좋아도 그렇게 먼 거리는 엄청난 시간을 들여야만 넘을 수 있습니다.

제가 이미 이 거리를 건너왔다 해도 저는 썩어 빠진 도구입니다. 저는 너무 기력이 빠졌습니다. 하느님께서 저의 훼손된 본성을 바로잡아 주실 가능성을 믿는다 하더라도 감히 간구할 결심이 서지 않습니다. 심지어 하느님이 주실 것을 확신한다 해도 저는 못 하겠습니다. 그러한 요청은 제게 불행이라는 선물을 주셨던 한없이 다정한 사랑을 욕보이는 일 같습니다.

저처럼 미흡한 존재에게 어쩌다 자리를 잡은 생각들을 아무도 주목하려 하지 않는다면 그 생각들은 저와 함께 묻혀 버릴 것입니다. 제 짐작대로 그 생각들에 어떤 진리가 있다면 그건 매우 유감스러운 일이 되겠지요. 제가 그 생각들에 손해를 끼친 셈입니다. 우연히 저의 마음속에 들어왔다는 사실 때문에 전혀 주목을 받지 못한 거잖아요.

이 글에 관심을 기울여 주십사 간청할 상대가 저로서는 신부님밖에 없습니다. 신부님께서 그토록 아낌없이 베풀어 주셨던 자비를 제 안에 품은 것, 저 자신보다 더 중요한 그것에 베풀어 주시기 바랍니다.

저에게로 떨어진 생각들이 저의 미흡함과 비참함에 물들어 사형선고를 받는다 생각하면 심히 괴롭습니다. 저는 열매를 맺지 못하는 무화과나무의 이야기를 읽을 때마다 소름이 끼칩니다. 그 이야기가 마치 저의 초상화 같아서요. 이 이야기에서 무화과나무는 본성이 무력하였으나, 그렇다고 해서 용서를 받지는 못했습니다. 그리스도께서는 무화과나무를 저주하셨지요.

그렇기 때문에 제가 살아오면서 신부님께 고백했던 것 외에는 정말로 심각하고 특수한 과오가 없다 하더라도 이성적으로 냉정하게 돌아보건대 저는 천인공노할 죄인들 이상으로 하느님의 진노를 두려워해야 마땅합니다.

사실, 하느님의 진노를 두려워해서가 아닙니다. 희한하게도 하느님의 분노에 대해 생각하면 제 마음속에는 사랑이 일어날 뿐입니다. 오히려 하느님이 베푸실 수 있는 호의, 그분의 자비가 저를 일종의 두려움으로 떨게 합니다.

그러나 그리스도에게 제가 열매를 맺지 못하는 무화과나무라고 생각하면 가슴이 찢어질 것 같습니다.

다행히도 하느님께서는 그 생각들뿐만 아니라 더 나은 수많은 생각들까지도 능히 잘 활용할 수 있는 흠 없는 사람에게 쉬이 보내실 수 있습니다.

그러나 제가 품은 생각들이 최소한 부분적으로라도 신부님께 소용이 닿을지 누가 알겠습니까? 이 생각들은 저에 대한 우정, 진실한 우정을 품은 누군가에게만 운명적으로 전해질 수 있습니다. 어쨌든 다른 사람들에게 저는 어떤 의미에서 존재하지 않으니까요. 저는 눈에 잘 띄지 않는 벌레들처럼 말라 죽은 나뭇잎 색을 띤 사람이지요.

제가 신부님께 쓴 편지의 내용이 잘못되었거나 적절치 못하다면 부디 용서해 주십시오. 저 때문에 성내지는 마세요.

앞으로 몇 주, 몇 달이 지나는 동안에 신부님께 제 소식을 전하거나 신부님의 소식을 받을 수 있을지 잘 모르겠습니다. 하지만 이러한 이별은 저 혼자만의 불행이니 그다지 중요하지 않습니다.

자식과도 같은 감사의 마음과 한없는 우정을 전할 뿐입니다.

시몬 베유

에세이

신에 대한 사랑이라는 관점에서 학과 공부의 올바른 효용을 논함

신을 향한 사랑과 불행

신에 대한 암묵적 사랑의 형태들
- 이웃 사랑
- 세계의 질서에 대한 사랑
- 종교적 의례에 대한 사랑
- 우정
- 암묵적 사랑과 명시적 사랑

주기도문에 대하여

노아의 세 아들과 지중해 문명사

신에 대한 사랑이라는 관점에서
학과 공부의 올바른 효용을 논함

    그리스도교적인 학업관의 핵심은 기도가 집중으로 이루어진다는 점에 있다. 기도는 영혼이 쏟을 수 있는 모든 주의력을 신께 돌리는 일이다. 상당수의 경우, 주의력의 질이 곧 기도의 질이다. 이건 뜨거운 가슴으로 보충할 수 있는 문제가 아니다.
    신과의 접촉이 이루어질 만큼 순전하고 집중적인 기도를 바칠 때, 그 접촉에는 가장 상위의 주의력만이 관여한다. 그래도 모든 주의는 신에게로 향해 있다.
    물론 학업이 계발하는 것은 하위의 주의력이다. 그렇더라도 학과 공부는 기도에 쏟는 주의력을 증진시키기에는 대단히 효과적이다. 이러한 목적에서, 그리고 오로지 이러한 목적에서만 공부를 한다면 말이다.
    오늘날에는 잘 모르는 듯하지만 집중력을 키우는 것이야말로 학업의 진정한 목표, 거의 유일한 장점이다. 대부분의 학과 공부는 어떤 내재적인 유익을 노리지만, 그 유익은 부차적이다. 정말로 주의력을 요하는 모든 공부는 동일한 자격에서, 거의 균등하게 유익하다.
    신을 사랑하는 고교생, 대학생들은 절대로 "나는 수학을 좋아해.", "나는 프랑스어가 좋아.", "난 그리스어가 좋더라."라는 식으로 말해선 안 된다. 학생은 그 모든 것을 사랑하는 법을 익혀야 한다. 그 모든 과목이 신에게로 향할 때 기도의 실체가 되는 집중력을 향상시키기 때문이다.

기하학에 소질이 없고 적성에도 맞지 않는다 해서 집중력을 계발하는 증명이나 문제를 탐구할 수 없는 것은 아니다. 오히려 그 반대라고 해도 좋다. 되레 그런 상황이 집중력 계발에는 유리하다는 애기다.

어쨌든 정말로 노력하는 것이 관건이지, 답을 찾거나 증명을 이해한다는 결과는 중요하지 않다. 정말로 집중한 노력은 어떤 경우에도 무위로 돌아가지 않는다. 그 노력은 언제나 영적으로 효력이 충만할 뿐더러 지성이라는 내적 차원에도 효력이 있다. 모든 영적인 빛은 지성을 밝혀 주기 때문이다.

정말로 집중해서 기하학 문제의 답을 찾는다면, 그렇게 한 시간이 흘렀어도 처음 문제를 접했을 때보다 별 진전이 없다 해도 한층 신비로운 다른 차원에서는 일 분 일 분이 다르게 진전이 있었던 셈이다. 본인은 느끼지 못하고 알지 못해도, 겉으로 보기에는 생산이나 결실이 없는 그 노력이 영혼을 좀 더 환하게 밝혀 준다. 훗날 기도 속에 그 결실이 보이리라. 또한 지성의 다른 영역, 수학과는 완전히 이질적인 영역에도 결실이 있으리라. 헛되이 노력을 기울이는 듯했지만 어느 날 그 노력 덕분에 라신(J. B. Racine)의 시가 지닌 아름다움을 한층 더 생생하게 이해할 것이다. 하지만 뭐니 뭐니 해도 이 노력의 결실은 기도에 있다. 그 점에는 아무 의심의 여지가 없다.

이런 유의 확실성은 경험적이다. 그러나 일단 믿지 않으면, 최소한 정말 믿는 것처럼 행동하지 않으면 경험을 통해서 그러한 확실성에 이르지 못한다. 여기에 일종의 모순이 있다. 영적 진보에 유용한 모든 인식이 어느 수준부터는 다 이런 식이다. 검증되기 전부터 행동 수칙으로 삼지 않으면,

오로지 믿음에 의지하여 오랫동안 버텨 보지 않으면 처음에는 난해하고 어둠침침하기만 했던 그 믿음을 확실성으로 변모시킬 수 없다. 믿음은 필수불가결한 조건이다.

아버지 하느님께 빵을 달라는 자가 돌을 얻지는 않는다는 보장이 믿음을 무엇보다 잘 지탱해 준다. 명확한 종교적 신앙 밖에서조차, 인간이 좀 더 진리를 알고자 하는 욕망만으로 주의를 집중할 때마다 가시적 결실은 없을지언정 그 사람의 도량은 훨씬 넉넉해졌다. 빛이 어떻게 생겨났는지 설명하는 에스키모 설화가 있다. "영원한 암흑, 먹이를 찾을 수 없었던 까마귀가 빛을 간절히 바랐더니 땅이 환해졌다." 진정한 욕망이 있다면, 그 욕망의 대상이 빛이라면, 빛에 대한 욕망이 빛을 낳는다. 집중이 있을 때에 진정한 욕망이 있다. 다른 동기가 일절 없다면 빛이 진정한 욕망의 대상이다. 그러한 집중이 몇 년이 지나도록 결실을 맺지 못하는 듯 보이더라도 언젠가 그 노력에 정확히 비례하여 빛이 영혼을 적실 것이다. 모든 노력은 세상 그 무엇도 빼앗을 수 없는 보물에 금덩이를 조금 더 보태 준다. 퀴레 다르스(Curé d'Ars)[1]는 그 긴 세월 내내 라틴어를 배워 보겠다고 아등바등 애를 썼지만 성과가 없었다. 그러나 그의 노력은 고해자들의 말과 침묵 이면에서 영혼을 파악하는 신묘한 분별력으로 열매를 맺었다.

그러므로 성적을 잘 받거나 시험을 잘 보려는 마음 없이, 학업 성과에 연연하거나 취향, 타고난 적성을 따지는 법 없이 모든 공부는 기도의 실체인 집중을 익히는 데 도움이 된다는 생각으로 열심히 해야 한다. 어떤

---

1. 본명은 장 마리 비안네(Jean-Marie Vianney). 프랑스대혁명으로 불안정한 시기를 보내느라 교육을 제대로 받지 못했고, 신학교에 들어가서도 라틴어 미숙으로 퇴학을 당했다. 특별 시험을 치르고 사제가 된 후 귀감이 될 만한 사목생활을 했고, 특히 고해성사로 많은 이에게 은혜를 주어서 만년에는 하루 15시간을 고해소에서 보냈다고 한다.

공부를 할 때에는 제대로 하려고 해야 한다. 그러한 의지가 있어야 진정한 노력도 있을 수 있기 때문이다. 그러나 깊은 속내는 이러한 직접적 목표를 통해서 오로지 기도에 대한 집중력을 향상시키기를 바라야 한다. 글을 쓸 때에는 종이에 글자 모양을 그리지만 그 모양 자체가 아니라 표현하고자 하는 생각에 목표가 있는 것과 마찬가지다.

공부에 다른 의도를 배제하고 오로지 이러한 의도를 두는 것이 학업을 영적으로 선하게 사용하기 위한 첫째 조건이다. 둘째 조건은 자신에게 부족한 공부를 준엄하게 정면으로 직시하는 것이다. 어떤 핑계도 찾으려 하지 않고, 어떤 실수나 교사의 지적을 무시하지 말고, 본인의 비루함을 절감하면서 각각의 오류가 어떤 원인에서 비롯되었는지 거슬러 올라가야만 한다. 그 반대로 하고 싶은 유혹, 나쁜 점수를 받은 답안을 한 번 슬쩍 보는 둥 마는 둥 얼른 감추고 싶은 유혹은 크다. 거의 모든 학생이 거의 항상 이렇게 하고 있다. 이 유혹을 물리쳐야 한다. 게다가 부수적으로는, 이 유혹을 뿌리치는 것만큼 학교 공부에 필요한 자세는 없다. 자신의 실수와 교사의 지적에 집중하기를 싫어하는 사람은 노력을 해 봤자 공부에 별 진전이 없기 때문이다.

특히 겸손의 미덕, 학업상의 모든 진전보다 한없이 귀중한 이 보물은 그렇게 해야만 얻을 수 있다. 이런 점에서 자기 어리석음을 관조하는 태도는 죄를 관조하는 태도보다도 유익할지 모른다. 죄의식은 자신을 악한 인간으로 여기게 하지만 일종의 교만을 끌어들이기도 하기 때문이다. 육신의 시선과 영혼의 시선으로 자신의 바보 같은 실수를 강제로 응시하다 보면 자기가 보잘것없다는 자명한 사실을 도저히 거부할 수 없다. 이보다 더 바람직한 앎은 없다. 온 영혼으로 이 진리를 깨닫는 사람은 참된 길에

굳건히 발을 들여놓은 셈이다.

이상의 두 조건이 완벽하게 충족된다면 학업은 성스러움을 닦는 길로서 다른 어떤 길에도 뒤지지 않는다.

둘째 조건은 의욕만으로도 충분하다. 첫째 조건은 그렇지가 않다. 정말로 집중하려면 집중하는 방법을 알아야 한다.

우리는 곧잘 집중을 일종의 근육 운동과 비슷하게 여기는 우를 범한다. 학생들에게 이렇게 말한다 치자. "자, 이제부터 집중을 해 보는 거다." 그러면 아이들은 눈썹을 치켜세우고 숨을 죽이고 근육을 긴장시킨다. 잠시 후에 아이들에게 무엇에 집중을 했는지 물어보면 대답을 못 한다. 그들에게는 집중의 대상이 없었다. 그들은 집중한 게 아니다. 그냥 근육에 힘을 주었을 뿐이다.

공부를 하면서 이렇게 근육에 힘이나 주는 식으로 노력을 소모하는 때는 참 많다. 근육을 긴장시키면 피곤해지니까 공부를 많이 했다고 착각한다. 피로와 공부는 무관하다. 공부는 피곤할 수도 있고 그렇지 않을 수도 있지만 어쨌든 유용한 노력이다. 공부하면서 근육을 긴장시켜 봤자, 설령 그 의도는 좋은 것일지라도, 아무 소용없다. 그러면 좋은 의도도 지옥행을 부를 수 있는 법이다. 그런 식의 공부가 때로는 꽤 좋은 성적과 시험 결과를 낳기도 한다. 하지만 그 성과는 노력이 아니라 타고난 재능에서 온 것이요, 그런 공부는 항상 헛되다.

필요하다면 이를 악물고 고통을 참아 내는 의지가 수공업을 배우는 도제에게는 중요한 무기다. 그러나 흔히 생각하는 바와 달리, 공부에는 그런 의지가 별 소용이 없다. 욕망만이 지성을 이끌 수 있다. 그런데 기쁘고 즐거워야만 욕망이 싹트는 법이다. 고로 지성은 즐거움으로만 성장하고 열매를 맺는다. 달리는 사람에게 호흡이 중요하듯 공부에는 배움의 기쁨이 필수불가결하다. 배움의 기쁨이 없는 곳에는 진짜 공부를 하는 학생도 없다. 학업을 마치고도 일을 찾지 못하는 딱하고 우스꽝스러운 모습의 견습생들이 있을 뿐이다.

공부에서 욕망이 담당하는 이 역할 때문에 공부가 영적인 삶의 준비 과정이 될 수 있는 것이다. 신에게로 향한 욕망은 영혼을 도약시킬 수 있는 유일한 힘이다. 혹은 신이 내려오셔서 영혼을 붙잡고 끌어올려야 하되 오직 욕망만이 신이 그렇게 임하시게 할 수 있다고 할까. 신은 간절히 청하는 자들에게만 오신다. 오랫동안, 자주, 열렬하게 청하는 자들에게 신은 내려오시지 않고 못 배긴다.

집중은 노력, 아마도 가장 큰 노력이겠지만 소극적(négatif) 노력이다. 노력 그 자체가 피로를 수반하는 것은 아니다. 이미 잘 훈련이 되어 있지 않은 한, 피로를 느끼면 그때부터 더는 집중할 수가 없다. 이때에는 차라리 공부를 손에서 놓고 조금 쉬었다가 나중에 다시 하는 게 낫다. 들숨과 날숨을 반복하듯 공부도 놓았다가 다시 잡았다가 하는 것이다.

피곤하지 않은 상태로 집중해서 20분 공부하는 것이 눈썹에 힘주고 세 시간 버티는 것보다 훨씬 낫다. 장시간 긴장을 하고는 의무를 다했다는 기분으로 '나 열심히 공부했어.'라고 생각하는 것보다 훨씬 낫다는 얘기다.

그렇지만 이건 보기보다 굉장히 어려운 일이다. 육신이 피로를 싫어하는 것 이상으로 심하게, 우리 영혼에는 진정한 집중을 싫어하는 무엇인가가 있다. 그것은 육신보다 훨씬 더 악에 가깝다. 그렇기 때문에 참된 집중을 할 때마다 우리 안의 악이 파괴된다. 또한 이러한 의도에서 집중을 할 경우, 15분의 집중은 여러 가지 선행만큼 가치가 있다.

집중은 자기 생각을 유예하고 대상이 침투할 수 있도록 자리를 비워 주는 것이다. 자기가 구사해야만 하는 다양한 지식들을 사고에 근접하지만 더 낮은 수준에 붙잡아 놓고 사고와 직접 부딪히지 않게 한다. 우리의 생각은, 이미 형성된 모든 개별적 생각들에 대해서, 흡사 산 위에 오른 사람과 같아야 한다. 그는 정면을 응시하면서도, 시선을 굳이 아래로 떨어뜨리지 않고도 자기 발 아래 숲과 들판을 굽어본다. 무엇보다도 생각은 공백 상태에서 아무것도 일부러 찾지 않고 기다리되, 노골적인 진실을 드러내며 침투하는 대상들은 얼마든지 수용할 준비가 되어 있어야 한다.

해석상의 온갖 오류, 기하학 문제 풀이에서의 말도 안 되는 온갖 실수, 프랑스어 과제에서 자기 생각을 전개하면서 범하는 온갖 어설픔과 문체의 미흡함은 모두 다 생각이 성급히 치달았기 때문에 발생한 것이다. 이렇게 너무 일찍 채운 것은 진리에 합당치 않다. 능동적이려고(actif) 했던 것이 늘 문제. 우리 쪽에서 뭔가를 적극 찾으려 했던 것이다. 오류를 범할 때마다 원인을 따져 보면 그 점을 확인할 수 있다. 이렇게 확인하는 것보다 더 좋은 공부는 없다. 이 진리는 백 번, 천 번 경험해야 믿을 수 있는 진리에 속하기 때문이다. 가장 본질적인 진리들은 다 그렇다.

가장 귀한 선(善)은 찾아야 할 것이 아니라 기다려야 할 것이다. 사람이 자기 힘으로 찾을 수 있는 게 아니라서, 행여 찾아 나섰다가는 거짓 선을 발견하고도 그 거짓됨을 분별하지 못할 것이다.

기하학 문제의 해(解)는 그 자체가 귀중한 선이 아니지만 귀중한 선의 이미지에 해당하므로 같은 법칙을 적용할 수 있다. 해는 특수한 진리의 한 조각으로서, 언젠가 인간의 음성으로 "내가 곧 진리니라."라고 말씀하셨던 유일하고 영원하며 살아 있는 진리의 순수한 이미지다.

이렇게 생각하면 모든 학과 공부가 성사와 비슷하다.

각각의 학과 공부에는 진리를 애써 구하지 않되 욕망하면서 기다리는 특정한 방식이 있다. 기하학에서는 풀이에 애쓰지 않고 주어진 조건들에 집중하고, 라틴어나 그리스어 텍스트를 읽으면서는 의미를 찾지 않되 의미가 떠오르기를 기다리며, 글을 쓸 때에는 그저 미흡한 단어들을 뿌리치면서 펜 끝에서 저절로 적합한 단어가 떠오르기를 기다리는 식이다.

학생들이 이 요령을 깨닫게 하는 것이 우리의 으뜸가는 의무다. 그들은 전체적인 방법을 알아야 하겠지만, 각 학과에 관련된 특수한 형태의 방법도 알아야 한다. 이것은 교사의 의무일 뿐 아니라 학생들을 영적으로 이끄는 이들의 의무이기도 하다. 영적 지도자들은 지성이 각기 다른 과목을 공부하는 자세가 등불에 기름을 잘 채워 놓고 신뢰와 갈망으로 신랑을 기다리는 영혼의 자세와 비슷하다는 점을 밝히 보여 주어야 한다. 신을 사랑하는 청년 한 사람 한 사람이 라틴어 번역 연습을 통해서 주인이 잔치에 간 동안 집을 잘 지키다가 문 두드리는 소리가 나기 무섭게 맞이하는 종과 더욱 가까워지기를 바란다. 그날에 주인은 종을 자기와 같은 상에 앉히고 손수 먹을 것을 차려 주리라.

오직 이 기다림, 이 집중으로만 주인이 그 같은 애정을 베풀게 할 수 있다. 종이 밭일에 녹초가 되어서 들어와도 주인은 "내 식사를 준비해서 차려라."라고 명한다. 주인은 그 종을 딱 시키는 일밖에 하지 않는 쓸모없는 인간 취급한다. 물론 주인께 명을 받은 일은 아무리 힘들고 피곤하고 고통스러워도 실행해야 한다. 복종하지 않는 자는 사랑하지 않는 자이기 때문이다. 하지만 그렇게 해도 쓸모없는 종에 불과하다. 복종은 사랑의 한 조건일 뿐, 그것만으로는 부족하다. 주인이 자기 종의 종노릇을 하는 이유,

자기 종을 사랑하지 않을 수 없는 이유는 복종과 하등 상관이 없다. 종이 무모하게 나서서 도모한다고 될 일은 더욱더 아니다. 오직 깨어 있음, 기다림, 집중으로만 될 일이다.

그러므로 오직 이러한 집중력을 기르면서 청소년기와 청춘을 보내는 자들은 행복하다. 아마도 이들이 밭이나 공장에서 노동을 하는 또래들보다 더 선에 근접하지는 않을 것이다. 그러나 이들은 접근 방향이 다르다. 농부와 노동자는 가난, 사회적 배려 없음, 길고도 더딘 고통의 밑바닥에 있는 특별한 흥취로 신께 다가간다. 그러나 활동 그 자체를 따지자면 공부가 이 영혼의 집중 때문에 신께 더 가까이 있다. 오랜 세월 공부를 했으나 자기 안에서 이러한 집중력을 계발하지 못한 자는 귀한 보물을 잃은 것이다.

신에 대한 사랑만이 집중을 실체로 삼지는 않는다. 우리가 신에 대한 사랑과 동일한 것으로 알고 있는 이웃 사랑도 그 실체는 집중이다. 불쌍한 이들은 이 세상에서 자기들에게 관심을 기울여 주는 사람들만을 필요로 한다. 가엾은 이에게 집중할 수 있는 능력은 참으로 드물고 귀하다. 그러한 능력은 기적에 가깝다. 아니, 기적이 맞다. 스스로 그런 능력이 있다고 생각하는 자들이 실상은 대개 그렇지 못하다. 온정, 뛰는 가슴, 연민으로는 부족하다.

성배에 얽힌 최초의 전설에서 성배는 축성된 면병으로 모든 굶주림을 채워 주는 신비의 돌이었다. 몸을 거의 쓰지 못할 만큼 심한 부상을 입고 고통에 시달리는 왕이 그 돌을 지키고 있었다. 성배는 그 왕에게 처음으로 "무엇이 괴로우신지요?"라고 물어본 사람에게 돌아갔다고 한다.

충만한 이웃 사랑이란 그저 "무엇이 괴로우신지요?"라고 묻는 것이다.

불행한 사람이 어떤 집단을 이루는 한 단위나 '불쌍한 사람'이라는 딱지가 붙은 사회계층의 한 표본으로서가 아니라, 우리와 같은 인간으로서 어느 날 갑자기 불행을 맞닥뜨리고 그 모방할 수 없는 낙인을 받았음을 아는 것이다. 그러기 위해서는 그 사람을 어떤 시선으로 바라보는 것으로 충분하되, 그러한 시선은 반드시 필요하다.

그 시선은 일단 주의 깊은 시선이다. 이때 영혼은 자신의 고유성을 깡그리 비워 냄으로써 자기가 바라보는 대상을 있는 그대로의 진실한 모습으로 받아들인다.

그래서 역설적이지만 라틴어 번역, 기하학 문제에서 실수를 범할지라도 우리가 거기에 합당한 노력을 기울이기만 했다면 훗날 비탄의 막장까지 떨어진 어느 불행한 이에게 기회가 닿아 진실한 도움을 건넬 수 있다는 이 말은 참되다.

이 진리를 이해할 수 있고 그 무엇보다 좋은 이 열매를 바랄 용기가 있는 청소년에게 공부는 모든 종교적 신앙 바깥에서도 영적인 능력을 고양할 것이다.

학과 공부는 진주가 묻힌 밭 같으니, 자기가 가진 모든 것을 남김없이 처분하고서라도 그 밭을 가히 사들일 만하다.

신을 향한 사랑과 불행

고통의 영역에서 불행은 별개의 것, 특수하고 환원 불가능한 것이다. 불행은 단순한 고통과 전혀 다르다. 불행은 영혼을 사로잡고, 불행에만 고유한 노예의 낙인을 깊이 찍는다. 고대 로마의 노예제는 불행의 극단적 형태였을 뿐이다. 이 문제에 일가견이 있었던 고대인들은 이렇게 말했다. "사람은 노예가 되는 날 자기 영혼의 절반을 잃는다."

불행은 신체적 고통과 불가분의 관계에 있으나 완전히 구별된다. 신체적 아픔이나 그 비슷한 무엇과 결부되지 않은 것은 모두 인위적이거나 상상의 산물이기 때문에, 생각의 방향을 잘 바꾸면 제거될 수 있다. 사랑하는 이의 부재나 죽음을 겪을 때의 어찌할 수 없는 슬픔은 신체적 통증과 흡사하다. 그러한 슬픔은 호흡 곤란, 심장이 죄어드는 느낌, 채워지지 못한 허기, 혹은 지금까지 애착에 쏟았던 에너지가 방향을 잃고 풀려나면서 빚어지는 거의 생물학적인 혼란과도 같다. 이렇게 불가항력적인 요체로 소급되지 않는 슬픔은 낭만주의, 문학에 불과하다. 굴욕 또한 신체적으로 소급될 수 있는 격앙 상태다. 모욕을 물리치고 싶지만 두려움이나 무력함 때문에 억눌러야만 하는 신체적 상태인 것이다.

그러나 순전히 신체적이기만 한 고통은 대수롭지 않으며, 영혼에 흔적을 남기지 않는다. 치통이 한 예가 될 수 있겠다. 충치 때문에 몇 시간을 끙끙 앓더라도 일단 그 고통이 사라지고 나면 아무렇지 않다.

장기간 겪거나 자주 겪는 신체적 고통은 사정이 다르다. 그러나 그 같은 고통은 일개 고통이 아니라 불행일 때가 많다.

불행은 삶의 뿌리 뽑힘, 신체적 고통의 즉각적 감지 혹은 위협으로 영혼에 저항할 수 없이 다가오는 죽음의 다소간 약화된 등가물이다. 신체적 고통이 전혀 없다면 사유가 어떤 대상으로든 향할 수 있으므로 영혼은 불행하지 않다. 동물이 죽음을 피할 때처럼 사유는 필사적으로 잽싸게 불행을 피한다. 지상에서 사유를 묶어 두는 속성이 있는 것은 신체적 고통뿐이다. 설명하기 어렵지만 분명히 신체적인 일부 현상들, 신체적 고통과 엄밀하게 등가적인 현상들까지 모두 신체적 고통과 동일한 것으로 본다면 그렇다. 가령 신체적 고통에 대한 두려움이 이에 해당한다.

신체적 고통에 못 이겨 사유가 불행의 현존을 인정할 수밖에 없을 때에는 비록 그 고통이 가볍다 해도 제 목이 잘릴 단두대를 오래오래 쳐다보아야 하는 사형수처럼 심란하기 그지없다. 인간은 이 지독한 상태에서 20년, 아니 50년도 살 수 있다. 그런 사람들 옆을 지나치면서도 아무 눈치 못 챌 수가 있다. 그리스도께서 친히 그분의 눈으로 보신다면 모를까, 어느 누가 알아차릴 수 있을까? 그저 이따금 저 사람들이 이상한 행동을 하는구나 하면서 흉이나 보고 말 것이다.

모든 사회적, 심리적, 신체적 부분에서 직접적으로든 간접적으로든 한 생명을 덮치고 뿌리 뽑는 사건이 닥칠 때에만 진정한 불행이 있다. 사회적 요인은 중요하다. 어떤 식으로든 사회적 실추 혹은 그러한 실추에 대한 두려움이 없다면 사실상 불행도 없다.

슬픔은 아무리 깊고 극심하고 오래갈지라도 엄밀한 의미에서의 불행과 자못 다르다. 불행은 모든 슬픔들과 연속적이기도 하고 뚜렷이 나뉘어 있기도 하다. 이 분리는 마치 물이 끓기 시작하는 온도가 그렇듯 어떤 임계를 둔 분리다. 어느 한계를 넘어가면 불행이 존재하나 그 전까지는 괜찮다. 이 한계는 순수하게 객관적이지 않다. 온갖 개인적 요인이 고려 대상이 된다. 똑같은 사건이라도 어떤 이는 불행에 빠지지만, 다른 이는 그렇지 않다.

인생의 거대한 불가사의는 고통이 아니라 불행이다. 죄 없는 사람들이 죽임을 당하고 고통받고 제 나라에서 쫓겨나 빈곤과 노예 신세를 경험하고, 수용소나 감옥에 갇히는 것 자체는 그딴 짓을 저지르는 범죄자들이 있기 때문이니 놀랍지 않다. 질병이 삶을 마비시켜 죽음의 이미지로 전락시킬 만큼 오랜 세월 고통을 낳는다 해도, 자연은 기계적 필연을 맹목적으로 좇게 마련이니 놀랍지 않다. 그러나 신께서 불행에 죄 없는 자들의 영혼을 사로잡고 주권자처럼 뒤흔들 힘을 주셨다는 점은 놀랍다. 불행의 낙인이 찍힌 자는 기껏해야 제 영혼을 절반밖에 지키지 못할 것이다.

사람이 그런 일을 당하고 나면 반쯤 뭉개진 채 땅바닥에서 버둥대는 벌레와 비슷해진다. 그들은 자기에게 닥친 일을 말로 표현할 수 없다. 고통을 많이 겪었어도 본디 의미에서의 불행을 경험하지 않은 사람들은 그게 어떤 건지 모른다. 그러한 불행은 아주 특수한 것, 다른 것으로 환원해서 설명할 수 없는 것이다. 귀도 안 들리고 말도 못 하는 사람은 소리가 어떤 건지 상상할 수 없다. 자기가 직접 불행에 상처 입은 사람은 누구에게도 도움을 줄 수 없는 상태, 도움 주고 싶은 마음조차 먹을 수 없는 상태다. 그래서 불행한 사람들에 대한 공감은 불가능하다. 진정으로 그러한 공감이 일어난다면 물 위를 걷고 병자를 고치고 죽은 이를 다시 살리는 것보다 더 놀라운 기적이라 하겠다.

그리스도조차도 불행은 제발 피하게 해 달라고 기도했다. 그분조차도 불행이 닥치자 인간들에게서 위안을 구하고, 아버지께 버림받았다고 생각했다. 불행은 인간의 본성이 허락하는 한에서, 혹은 그 이상으로 완벽하게 의로운 자마저 신께 저항하며 부르짖게 했다. 욥을 역사적 인물이 아니라 그리스도를 상징하는 존재로 본다면 완벽하게 의로운 자라고 할 수 있겠다. "그분은 무고한 자들의 불행에 웃으시는구나." 이 말은 신성모독이 아니라 고통에서 터져 나온 진정한 비명이다. 《욥기》는 처음부터 끝까지 진실과 진정성이 빚어낸 순수한 기적이다. 이 본보기에서 벗어나 불행이라는 주제를 다루는 것은 무엇이든 다소간 거짓에 물들어 있다.

불행은 잠시나마 신의 부재를 낳는다. 신은 죽은 자보다도 부재하고, 칠흑 같은 감옥 안에 빛이 부재하는 것보다 더욱더 부재한다. 일종의 공포가 영혼을 뒤덮는다. 그러한 부재 상태에는 사랑의 대상이 전혀 없다. 무서운 것은, 사랑할 것이 없는 이 암흑 속에서조차 영혼이 사랑하기를 그치면 신이 정말로 영영 부재하게 된다는 것이다. 영혼은 텅 빈 가운데서도 계속 사랑해야 한다. 아니면 최소한 영혼의 미세한 일부라도 여전히 사랑하기를 바라야 한다. 그러면 욥에게 그러했듯이 언젠가 신이 그 영혼에게 친히 나타나셔서 세상의 아름다움을 보여 주신다. 그러나 영혼이 사랑하기를 그치면 그때부터 그 영혼에게 이승은 지옥과 다를 바 없다.

그래서 불행을 받아들일 준비가 되지 않은 자들을 성급히 불행에 몰아넣은 자는 영혼을 죽인 것이다. 다른 한편으로, 불행이 모두를 노리는 지금 시대에는 영혼들이 진정으로 불행을 준비할 수 있게 해야만 그들에게 내미는 구원의 손길이 효력을 지닌다. 이는 결코 사소한 일이 아니다.

불행은 우리를 모질게 만들고 절망에 빠뜨린다. 불행은 붉게 달군 쇠로 낙인을 찍듯 이 멸시, 이 반감, 이 자기혐오를 영혼 깊이 남기기 때문이다. 이 죄의식과 더럽혀진 기분은 논리적으로 죄에서 비롯되어야 하겠지만 실상은 그렇지 않다. 악은 죄인의 영혼에 거하건만 거기서는 감지되지 않는다. 오히려 죄 없이 불행한 자들의 영혼 속에서 감지된다. 본질적으로는 죄인에게 합당할 정신 상태가 마치 죄와 분리되어 불행에 달라붙어 있는 것 같다고 할까. 심지어 불행한 이들의 무고함에 비례해서 더욱 그렇게 되는 것 같다.

욥이 그토록 절망적으로 자신의 무고함을 부르짖었던 이유는 자기 자신도 그 무고함을 믿지 않았기 때문이다. 욥은 속으로 자기 친구들 편을 들었다. 자기 양심의 증언이 더 이상 들리지 않았기에 그는 신께서 증인이 되어 주시기를 간청했다. 그에게 양심의 증언이란 이제 죽어 버린 추상적 기억에 불과했다.

인간의 육체적 본성은 동물과 공통된 것이다. 암탉들은 상처 입은 암탉 한 마리를 발견하면 우르르 달려들어 부리로 쪼아 댄다. 이는 중력만큼이나 기계적인 현상이다. 우리의 이성은 모든 멸시, 반감, 증오를 죄에 결부시키지만 우리의 감성은 그것들을 불행에 결부시킨다. 그리스도가 영혼의 전부인 사람들을 제외하면, 의식하는 사람이 거의 없어서 그렇지 모두들 불행한 사람을 다소간 멸시한다.

이러한 우리 감성의 법칙은 우리 자신에게도 유효하다. 불행한 사람의 멸시, 반감, 증오가 자기 자신에게로 향하여 영혼의 중심으로 파고들면 그 감정들 특유의 독기 어린 색깔로 온 우주를 물들인다. 그가 만약 초자연적인 사랑을 경험했다면 이러한 이차적 작용은 막을 수 있겠지만, 부정적 감정들이 자기 자신에게로 향하는 일차적 작용은 막지 못한다.

그 일차적 작용이 불행의 본질 자체니까. 그러한 작용이 일어나지 않는 곳에는 아예 불행도 없으니까.

"그는 우리를 위하여 스스로 저주받은 몸이 되셨도다." 비단 십자가에 달리신 그리스도의 육체만이 아니라 그의 온 영혼이 저주를 받았다. 마찬가지로, 죄 없이 불행을 당하는 자도 스스로 저주받았다 느낀다. 불행에 빠져 깊이 상처 받았으나 사정이 바뀌어 벗어난 자들도 마찬가지다.

불행의 또 다른 효과는 영혼에게 나태라는 독을 주입하여 자기 공범으로 삼는다는 것이다. 오랫동안 불행했던 사람은 누구나 자기 불행에 공모 의식을 느낀다. 팔자를 바꿀 수도 있을 모든 노력을 그 공모 의식이 옭아맨다. 불행에서 벗어날 수단을 찾지 못하게끔, 심지어 아예 해방을 바라지도 못하게 가로막는다. 그 사람은 불행에 정착하게 되고, 다른 사람들은 저 사람이 좋아서 저러는구나 생각한다. 나아가 이 공모 의식은 그 사람이 본의 아니게 해방의 수단을 회피하고 도망치게 한다. 이때 공모 의식은 온갖 구실, 때로는 우스꽝스럽기까지 한 구실 뒤에 숨는다. 불행에서 벗어난 자조차도 이미 영혼 깊이 영원히 남을 상처를 입었다면 다시 불행에 제 발로 달려갈 소지가 있다. 마치 불행이 그를 숙주로 삼아 기생하면서 제 목적대로 휘두르는 것 같다고 할까. 때로는 이 충동이 행복을 지향하는 영혼의 모든 움직임을 압도해 버린다. 어떤 선행이 불행에 종지부를 찍어 주었는데도 정작 영혼은 되레 선행을 한 사람에게 미움을 품을 수도 있다. 도저히 설명할 수 없는 잔인하고 배은망덕한 행위들의 원인이 여기에 있다. 사람을 현재의 불행에서 해방시키기는 가끔 쉬울 수 있어도 과거의 불행에서 해방시키기란 어렵다. 오직 하느님만이 하실 수 있는 일이다. 신의 은총 자체도 지상에서 돌이킬 수 없이 상처 받은 본성을 치유하지는 못한다.

그리스도의 영광된 육신에도 못과 창에 입은 상처들은 그대로였다.

불행을 일종의 거리처럼 생각할 때에만 불행의 존재를 받아들일 수 있다.

하느님은 사랑으로, 사랑을 위하여 창조하셨다. 하느님은 사랑 자체와 사랑의 수단들 외에는 다른 것을 창조하지 않으셨다. 그분은 사랑의 모든 형상들을 만드셨다. 가능한 모든 거리에서 사랑할 수 있는 존재들을 만드셨다. 다른 존재는 할 수 없는 일이었기에 그분 자신이 최대 거리, 무한한 거리까지 나아가셨다. 신과 신 사이의 이 무한한 거리, 궁극의 찢기심, 아무도 다가갈 수 없는 고통, 사랑의 기적이 바로 십자가형이다. 저주받은 것보다 신과 거리가 먼 것은 없다.

지고의 사랑이 이 찢기심 위에서 지고의 연합을 이루니 침묵 속에서 우주를 가로지르는 영원한 울림을 낳는다. 분리된 두 음이 한데 섞이며 순수하고도 날카로운 화음을 이루는 것처럼 말이다. 그것이 하느님의 말씀이다. 창조 전체가 그 말씀의 울림에 지나지 않는다. 사람의 음악도 가장 순수한 것은 영혼을 꿰뚫는데, 우리가 그 음악을 통해서 듣는 것은 하느님의 말씀이다. 침묵을 듣는 법을 배우게 되면 그 침묵을 통해서 더욱 더 뚜렷이 하느님의 말씀을 파악한다.

사랑 안에서 버티는 자들은 불행으로 밑바닥까지 굴러떨어진 중에도 이 음을 듣는다. 그때부터 그들에게는 어떤 의심도 들어설 수 없다.

불행에 타격을 입은 인간은 십자가 발치에, 신에게서 가능한 가장 먼 거리에 있다. 죄가 가장 먼 거리라고 생각해서는 안 된다. 죄는 거리가 아니다. 죄는 시선이 그릇된 방향으로 돌아간 것이다.

이 거리와 최초의 불복종 사이에 신비로운 관계가 있는 것은 사실이다. 우리는 맨 처음 인간들이 하느님을 바라보지 않고 잘못된 방향으로 자기가

갈 수 있는 한 가장 멀리까지 걸어갔다는 이야기를 들었다. 그때는 걸을 수 있었으니까 그게 가능했다. 그런데 우리는 이 자리에 못 박혀 있고 시선만 자유롭게 돌릴 수 있을 뿐 필연의 지배를 받는다. 영적 완벽성을 전혀 고려치 않는 맹목적인 메커니즘이 사람들을 이리저리 휘두르고 그중 몇몇을 십자가 아래로 내동댕이친다. 그러한 부침 속에서 그들이 마음대로 할 수 있는 것은 오로지 시선의 방향, 즉 하느님을 계속 바라볼 것인가 말 것인가 그것밖에 없다. 신의 섭리가 부재하는 것은 아니다. 오히려 그런 섭리에 따라서 신께서는 맹목적인 기계론으로서의 필연을 원하신다.

그 기계론이 맹목적이지 않다면 불행은 없을 것이다. 불행은 사람을 구별하지 않는다. 불행은 자기가 사로잡는 모든 이의 인격을 박탈하고 그들을 물화한다. 불행은 사심이 없다. 이 공평무사함의 차가움, 금속성의 차가움 때문에 불행을 접한 모든 이의 영혼은 바닥까지 얼어붙는다. 그들은 이제 결코 온기를 되찾지 못하리라. 그들은 이제 자기가 어떠어떠한 사람이라고 결코 믿지 못하리라.

불행이 우연을 일부 품고 있지 않다면 이러한 위력을 갖지 못할 것이다. 믿음 때문에 박해받는다는 사실을 아는 자들은 아무리 고통스러워도 불행하지 않다. 고통이나 두려움이 영혼을 점령하여 그들이 박해받는 이유를 잊어버리기에 이른다면 그때 비로소 불행에 떨어지는 것이다. 맹수의 밥이 될 상황에서도 찬송을 부르며 원형경기장으로 들어갔던 순교자들은 불행하지 않았다. 그리스도는 불행한 이였다. 그는 순교자로서 돌아가시지 않았다. 일반법을 어긴 범죄자로서, 강도들과 한데 매달렸으나 그들보다 조금 더 우스운 꼴을 하고 돌아가셨다. 불행은 우스운 것이기 때문이다.

인간을 극한의 거리까지 내던질 수 있는 것, 십자가 바로 옆까지 보낼 수 있는 것은 맹목적 필연뿐이다. 대부분의 불행을 낳는 인간의 죄 또한 맹목적 필연에 속한다. 죄인들은 자기가 무슨 짓을 하는지 알지 못하기 때문이다.

우정에는 만남과 이별이라는 두 형태가 있다. 두 형태는 불가분의 관계다. 둘 다 우정이라는 똑같은 선, 유일한 선을 그 안에 품고 있다. 친구 아닌 두 존재가 서로 가까울 때에는 만남이라는 것이 없다. 그들이 멀어지더라도 이별은 없다. 만남과 이별은 똑같은 선을 품고 있기에 똑같이 좋은 것이다.

신은 스스로 존재하시니 자기 자신을 완벽하게 아신다. 우리도 비루하게나마 우리 외부의 사물들을 만들어 내고 그것들을 아는 것처럼 말이다. 그러나 무엇보다 신은 사랑이다. 무엇보다 신은 당신 자신을 사랑하신다. 신 안의 그 사랑, 그 우정이 삼위일체다. 신성한 사랑으로 결합한 삼위들 간에는 근접성 이상의 무엇, 무한한 근접성 혹은 동일성이 있다. 그러나 창조, 강생, 수난에 따른 무한한 거리 또한 있다. 공간의 전체성, 시간의 전체성이 겹치면서 신과 신 사이에 무한한 거리를 만든다.

연인이나 친구는 두 가지를 바란다. 하나는 상대의 내면에 이를 만큼 서로를 사랑하여 하나가 되는 것이다. 또 하나는 지구의 반대편 끝까지 떨어져 있을지라도 그들의 합일에 아무 문제도 없을 만큼 사랑하는 것이다. 이 땅에서 인간이 욕망하되 이룰 수 없는 모든 것이 신 안에는 완벽하게 실재한다. 이 모든 불가능한 욕망이 운명의 표징처럼 우리 안에 있다. 그 욕망은 우리가 실현하기를 바라지 않는 순간부터 우리에게 좋은 것이 된다.

신과 신 사이의 사랑, 신 그 자체인 사랑은 이중의 효력을 띠는 바로 이 관계다. 두 존재가 정말로 하나가 되어 따로 떼어 분별할 수조차 없는 관계, 그러면서도 거리를 뛰어넘고 무한한 이별을 이겨 내는 관계 말이다. 모든 다수성(多數性)이 사라지는 신의 일체성, 그리스도가 스스로 버림받았다 생각하면서도 끊임없이 아버지 하느님을 완벽하게 사랑하셨던 것, 이 두 가지 모습은 동일한 사랑의 신덕(神德)일 뿐이요, 그 사랑이 곧 신이다.

신은 본질적으로 사랑이므로 어떤 의미에서 신에 대한 정의 그 자체인 일체성은 사랑의 순수한 결과다. 이 사랑이 지닌 무한한 합일의 위력에 사랑이 극복하는 무한한 분리가 상응한다. 그 분리란 결국 시간과 공간 전체에 펼쳐진 모든 창조다. 무정한 기계적 물질로 창조된 세상이 그리스도와 아버지 하느님 사이에 놓여 있다.

우리 인간은 우리의 비참으로 말미암아 한없이 귀한 특혜를 받았다. 이 성부와 성자 사이의 거리에 참여하는 특혜 말이다. 그러나 이 거리는 사랑하는 이들에게만 이별이 된다. 사랑하는 이들에게 이별은 아무리 고통스러울지라도 선이다. 이별은 사랑이기 때문이다. 버림받은 그리스도의 절망도 선이다. 지상에서 살아가는 우리에게 여기에 참여하는 것보다 더 큰 선은 있을 수 없다. 지상에서 육신을 입고 살아가는 우리에게 신은 결코 완벽하게 현존할 수는 없다. 그러나 극한의 불행 속에서 신이 우리에게 거의 완전히 부재할 수는 있다. 지상의 우리에게 완전할 수 있는 것이라고는 이것뿐이다. 그렇기 때문에 십자가는 우리의 유일한 희망이다. "어떤 숲에도 이런 나무, 딱 이런 꽃, 이 잎사귀, 이 싹을 지닌 나무는 없도다."

우리가 하나의 미세한 파편으로서 살아가는 이 우주는 신의 사랑이 신과 신 사이에 부여한 거리다. 우리는 그 거리 속의 한 점이다. 공간, 시간,

그리고 물질을 지배하는 메커니즘이 그 거리다. 우리가 악이라 부르는 모든 것은 이 메커니즘일 뿐이다. 신은 이로써 은총이 사람의 중심에 파고들어 그의 존재 전체를 환히 비출 때 자연법칙을 위배하지 않고도 물 위를 걷게 하셨다. 그러나 사람이 신에게서 돌아서면 그저 중력에 지배당할 뿐이다. 그 사람은 스스로 바라고 선택한다고 생각하지만 일개 사물, 위에서 아래로 떨어지는 돌멩이에 지나지 않는다. 인간 사회와 영혼을 가까이에서 정말로 유심히 바라보면 초자연적인 광명의 위력이 미치지 않는 곳은 어디가 됐든 모든 것이 물체의 낙하 법칙만큼이나 정확하고 가차 없는 기계적 법칙에 복종한다. 이 앎은 이롭고 요긴하다. 우리가 죄인이라 부르는 자들은 우연히 불어온 바람에 지붕에서 떨어져 내린 기왓장들에 불과하다. 그들의 유일한 잘못은 그들을 기왓장이 되게 한 최초의 선택뿐이다.

필연의 메커니즘은 제 속성에 충실하지만 무정한 물질, 식물, 동물, 국민, 영혼 같은 다른 수준들에 옮겨가서도 적용될 수 있다. 우리 입장에서 우리의 관점으로 바라본 이 메커니즘은 완전히 맹목적이다. 그러나 우리 마음을 우리 바깥, 우주 바깥, 시공간 바깥, 즉 성부께서 계신 곳으로 옮겨 본다면, 그 위치에서 이 메커니즘을 바라볼 수 있다면 아주 달리 보인다. 필연으로 보였던 것은 복종이 된다. 물질은 완전히 수동적이요, 그러므로 신의 의지에 완벽하게 복종한다. 물질은 우리에게 완벽한 본보기다. 여기서는 신과 신께 복종하는 것 외에는 아무 다른 것이 없다. 완벽한 복종 때문에 물질은 주인을 사랑하는 이들에게 사랑받을 자격이 있다. 이제는 죽고 없는 여인을 사랑하는 이가 그녀가 쓰던 바늘을 애틋한 마음으로 바라보는 것과 마찬가지다. 우리는 세상의 아름다움을 통하여 물질이 우리의 사랑을 받을 자격이 있음을 진즉에 귀띔받았다. 세상의 아름다움을 통하여 무정한 필연은 사랑의 대상이 된다. 바닷물이 출렁이며 순간적으로 이루어 내는 너울, 영원하다 해도 좋을 능선들의 너울을 통하여 중력은 더없이 아름다운 것이 된다.

이따금 배가 침몰한다는 것을 안다고 해서 바다가 덜 아름답게 보이지는 않는다. 바다는 오히려 그래서 더욱 아름답다. 배를 침몰시키지 않으려고 파도의 움직임을 바꾸는 바다는 분별력과 선택권을 지닌 존재이지, 모든 외부의 압력에 완벽하게 복종하는 유체가 아닐 것이다. 바다가 아름다운 까닭은 이 완벽한 복종에 있다.

이 세상에 일어나는 모든 끔찍한 일은 중력이 바다에 일으키는 너울과도 같다. 그래서 그 끔찍한 일에도 아름다움이 깃들어 있는 것이다. 때로는 《일리아스》 같은 한 편의 시가 이 아름다움을 느끼게 해준다.

인간은 결코 신에 대한 복종에서 벗어날 수 없다. 피조물은 복종할 수밖에 없다. 자유롭고 지적인 피조물인 인간에게 주어진 유일한 선택지는 복종을 바라느냐 바라지 않느냐 그것뿐이다. 복종을 바라지 않는다 해도 어차피 기계적 필연에 종속된 사물로서 영원히 복종해야 한다. 복종을 바란다면 기계적 필연에 종속되지만 여기에 새로운 필연, 즉 초자연적인 것들에 고유한 법칙으로 이루어진 필연이 추가된다. 어떤 행위들이 그에게는 불가능할 테지만 또 어떤 행위들은 실현될 것이요, 때때로 그 실현은 그의 의지와 거의 무관할 것이다.

과거의 어느 때에 신에게 불복했었다고 느낀다면 한동안 복종을 바라지 않았다는 뜻이다. 물론 다른 조건들이 모두 동일하다면 복종에 동의하느냐 동의하지 않느냐에 따라서 인간이 실현하는 행위도 달라진다. 식물은 다른 조건이 모두 동일하더라도 빛을 잘 받느냐 못 받느냐에 따라서 생육 양상이 다르다. 식물은 자신의 생육을 전혀 통제할 수 없고 아무것도 선택할 수 없다. 우리는 빛을 받을 것인가 어둠에 거할 것인가 이 한 사안에서만 선택권이 있는 식물과 같다.

그리스도는 애쓰지도 않고 길쌈도 하지 않는 들판의 백합을 바라보라고 말씀하시면서 물질의 복종을 본보기로 제시했다. 다시 말해 그 꽃들은 무슨 색을 입을까 고민하지 않고, 의지를 동원하지도 않으며, 그렇게 할 수단도 없다. 꽃은 자연의 필연이 가져다주는 모든 것을 받아들였을 뿐이다. 그 꽃이 값진 옷감보다 한없이 더 아름답게 보이는 이유는 꽃이 더 값지기 때문이 아니라 그러한 순종 때문이다. 옷감도 순순하게 말을 잘 듣지만 신이 아니라 사람에게 그렇다. 물질이 인간에게 복종할 때에는 아름답지 않다. 물질은 오직 신에게 복종할 때에만 아름답다. 때때로 예술 작품에서 물질이 바다와 산과 꽃에서처럼 아름답게 나타나기도 한다. 신의 빛이 예술가를 가득 채웠기 때문이다. 신의 빛을 받지 않은 인간이 만든 것들을 아름답게 여기려면 그 인간 자체도 스스로 알지 못한 채 복종하는 물질과 다르지 않음을 온 마음으로 깨달아야 한다. 이 깨달음에 이른 자에게는 지상의 모든 것이 완벽하게 아름답다. 그는 존재하는 모든 것, 발생하는 모든 것에서 필연의 메커니즘을 알아보고 그 필연 속에서 복종의 한없는 감미로움을 음미한다. 우리에게 사물들의 복종과 신의 관계는 창문의 투명함과 빛의 관계와 같다. 우리의 존재 전부로 이 복종을 느끼면서부터 우리는 신을 본다.

신문을 거꾸로 들고 있으면 인쇄된 글자가 이상한 모양으로 보인다. 신문을 바르게 들면 글자들이 아니라 단어들이 눈에 들어온다. 배가 폭풍을 만났을 때 일개 승객은 배가 한 번씩 출렁댈 때마다 속이 뒤집히는 것 같다. 선장은 배의 흔들림에서 바람, 조류, 파도의 복잡한 조합을 읽어내고 배의 위치, 형태, 돛, 키를 함께 고려한다.

읽기를 배우거나 어떤 일을 익히듯이 우리는 매사에서 신에 대한 우주의 복종을 깨닫는 법을 그 무엇보다, 거의 유일하게 배운다. 이건 정말로 일종의 배움이다. 모든 배움이 그렇듯 시간과 노력이 요구된다. 배움의 끝에 이른 자에게는 이제 사물들이나 사건들 사이의 차이가 없다. 마치 읽기를 배운 자가 똑같은 문장이 붉은 잉크로 쓰여 있든 푸른 잉크로 쓰여 있든, 어떤 활자로 인쇄되어 있든 별 차이를 느끼지 못하는 것과 마찬가지다. 그런데 글을 읽을 줄 모르는 사람의 눈에는 오로지 그런 차이만 들어온다. 읽을 줄 아는 사람은 전부 다 같은 문장이니까 마찬가지라고 본다. 배움을 마친 이에게는 항상 도처의 사물과 사건이 한없이 부드러운 동일한 말씀의 울림일 뿐이다. 그가 고통받지 않는다는 말이 아니다. 고통은 특정 사건들의 빛깔이다. 글을 아는 사람이든 모르는 사람이든, 붉은 잉크로 쓰여 있는 문장을 보면 그게 붉은색이라는 것은 안다. 그러나 그러한 빛깔이 글을 아는 사람과 모르는 사람에게 똑같은 중요성을 띠지는 않는다.

일을 배우는 견습생이 다치거나 피로를 호소하면 노동자나 농부가 으레 하는 말이 있다. "일이 몸에 익어야지." 우리가 고통을 겪을 때마다 우주, 세상의 질서, 세상의 아름다움, 피조물의 복종이 우리 몸에 익는다고 진실로 말할 수 있다. 이때부터 어떻게 이 선물을 보내신 사랑께 지극한 애정으로 감사를 드리며 찬양하지 않을 수 있겠는가?

기쁨과 고통은 똑같이 귀한 선물이다. 둘을 뒤섞으려 하지 말고 어느 쪽이든 그 순수함을 온전히 음미해야 한다. 세상의 아름다움은 기쁨을 통하여 우리 영혼에 파고든다. 그 아름다움이 고통을 통해서는 우리 육체에 파고든다. 항해술 교재만 공부해 가지고 선장이 되는 것은 아니듯, 오직 기쁨만을 통해서 하느님의 벗이 될 수 있는 것은 아니다. 육체적 감성의 수준에서는 오직 고통만이 세계의 질서를 이루는 그 필연과의 접촉이다. 기쁨은 필연처럼 느껴지지 않기 때문이다. 기쁨에서 필연을 느끼는 것은 감성의 한층 고양된 부분이 아름다움이라는 느낌을 매개로 할 때에만 가능하다. 언젠가 우리 존재의 모든 부분으로 물질의 실체인 이 복종을 온전히 감지하려면, 우주에서 신의 말씀의 울림을 듣는 이 새로운 감각이 우리에게 생기려면, 고통의 변화시키는 힘과 기쁨의 변화시키는 힘이 다 같이 필수불가결하다. 기쁨이든 고통이든 영혼의 중심에 나타날 때에는 사랑하는 이의 심부름꾼에게 문을 열어 주듯 우리 자신을 열어야 한다. 심부름꾼이 경우가 바르든 상스럽든, 사랑하는 이의 전갈만 전해 주면 됐지 뭐가 중요한가?

그러나 불행은 고통이 아니다. 불행은 하느님이 가르치시는 방식과 전혀 별개다.

무한한 시공간이 우리를 신과 갈라놓는다. 우리가 어떻게 그를 찾을까? 어떻게 그에게로 나아갈까? 우리가 설령 수백 년을 걸어간다 해도 지구를 도는 것 외에는 할 수 있는 것이 없다. 비행기를 탄다고 다른 도리가 생기지 않는다. 우리는 수직으로 나아갈 수 없다. 우리는 하늘을 향해서 한 걸음도 내딛을 수 없다. 신께서 우주를 가로질러 우리에게 오신다.

무한한 시공간을 넘어서, 무한히 더욱 무한한 신의 사랑이 우리를 사로잡으러 온다. 그 사랑은 제때에 온다. 우리는 그 사랑을 반겨 맞는 데 동의하든가 거부할 수가 있다. 우리가 계속 들으려 하지 않으면 사랑은 걸인처럼 몇 번이고 거듭 찾아오다가 어느 날부터 다시는 찾아오지 않는다.

우리가 동의하면 신은 우리 안에 작은 씨앗 한 알을 심고 가 버린다. 그때부터는 신도, 우리도 기다리는 것 말고는 할 일이 없다. 우리는 그저 혼인 서약에 동의한 일을 후회하지 말아야 할 뿐이다. 그것조차도 생각만큼 쉽지 않다. 우리 안에서 씨앗이 자라나는 것이 고통스럽기 때문이다. 게다가 우리는 씨앗을 키우는 데 동의했기 때문에 그 성장을 방해하는 것을 없애고, 잡초를 뽑고, 가라지를 잘라 내지 않을 수 없다. 불행히도 그 가라지가 우리 육체의 일부인 탓에 이 정원을 가꾸는 일은 혹독한 수술과 다름없다. 그럼에도 불구하고 씨앗은 결국 저 혼자 자란다. 언젠가 영혼이 신께 속하는 날, 영혼이 사랑에 동의할 뿐 아니라 실제로 사랑을 하는 날이 온다. 바로 그때에 이제 영혼 쪽에서 우주를 가로질러 신께로 가야 한다. 피조물로서의 영혼이, 창조된 사랑으로써 사랑하는 게 아니다. 영혼 안의 그 사랑은 신성하고 창조되지 않은 것이다. 영혼을 관통하는 것은 신에 대한 신의 사랑이기 때문이다. 오직 신만이 신을 사랑할 수 있다. 우리는 우리 고유의 감정을 버리는 데 동의함으로써 그 사랑이 우리 영혼을 지나가게 할 뿐이다. 바로 이것이 자기 부인이다. 우리는 오로지 그 동의를 위해서 창조되었다.

  신성한 사랑이 우리에게로 오기 위해 무한한 시공간을 거쳤다. 그 사랑이 유한한 피조물에서부터 출발하는 역방향의 여정이 어떻게 가능할까? 우리 안에 떨어진 신성한 사랑의 씨앗이 무럭무럭 자라서 나무가 된다면 우리가 품은 씨앗을 어떻게 기원으로 돌려놓을 수 있을까? 어떻게 신께서 우리에게 오느라 무한한 거리를 가로질렀던 그 여행을 반대 방향으로 다시 할 수 있을까?

  불가능해 보이는 일이지만 방법이 하나 있다. 우리는 그 방법을 잘 안다.

우리 안에서 자란 그 나무가 어떻게 생겼는지 모두들 잘 알고 있다. 천상의 새들이 내려앉는 참으로 아름다운 그 나무. 우리는 모든 나무 가운데 가장 아름다운 나무가 무엇인지 안다. "어떤 숲에도 이 같은 나무는 없다." 교수대보다도 조금 더 무시무시한 어떤 것, 그게 가장 아름다운 나무다. 우리는 그 씨가 무엇인지 알지 못했으나 신은 우리 안에 그 나무의 씨앗을 심었다. 그게 뭔지 알았더라면 우리는 처음부터 동의하지도 않았을 것이다. 그 나무가 우리 안에서 무럭무럭 자라나 이제 뽑히지도 않게 되었다. 오직 배신만이 그 나무를 뿌리 뽑을 수 있다.

망치로 못을 박을 때 못대가리가 받는 충격은 뾰족한 끝까지 전해진다. 못 끝은 하나의 점에 지나지 않지만 충격은 어디 가지 않고 고스란히 전해진다. 망치와 못대가리가 한없이 크더라도 사정은 마찬가지일 것이다. 못 끝은 그것이 닿아 있는 한 점에 무한한 충격을 전달할 것이다.

신체적 고통이자 영혼의 비참이자 사회적 실추인 극단적 불행이 그 못이다. 못 끝은 영혼의 중심에 놓여 있다. 못대가리는 시공간 전체에 산재하는 모든 필연이다.

불행은 신의 경이로운 기술이다. 차갑고 가차 없고 맹목적인 거대한 힘을 유한한 피조물의 영혼에 집어넣는 단순하고 절묘한 장치다. 신과 피조물 사이의 무한한 거리는 영혼의 중심을 꿰뚫는 한 점으로 집중된다.

어떤 이에게 이런 일이 일어나더라도 그 사람 쪽에서 나서서 관여하는 부분은 전혀 없다. 그는 산 채로 표본첩에 압핀으로 꽂히는 나비처럼 몸부림친다. 그러나 그는 이 끔찍한 일을 겪으면서도 여전히 사랑하기를 원할 수 있다. 여기에는 어떤 불가능성이나 장애물도 없다. 어쩌면 아무 어려움이 없다고까지 말할 수 있을지도 모른다. 가장 큰 고통조차도 영혼을 소멸시키지 않는 한에서는 올바른 방향에 동의하는 영혼의 그 부분을 건드리지 못한다.

다만, 사랑은 방향을 취하는 것이지 어떤 정신 상태가 아님을 알아야 한다. 이 점을 알지 못하면 불행이 덮치자마자 절망에 빠진다.

못에 찔리는 동안에도 영혼이 여전히 하느님에게로 향해 있는 사람은 우주의 중심에 못 박힌 것이다. 그 진정한 중심은 가운데 있지 않고 시공간 밖에 있으니, 그 중심이 곧 신이다. 공간에 속하지 않고 시간도 아닌 차원, 전혀 다른 차원에서 그 못은 창조된 우주, 영혼과 신 사이를 가로막는 그 두터운 장막에 구멍을 뚫는다.

이 경이로운 차원에 힘입어 영혼은 자신과 이어진 육체가 있는 장소와 순간을 떠나지 않고도 시공간 전체를 넘어서 현존하는 신 앞에 이른다.

영혼은 창조된 우주와 창조주의 교차점에 있다. 그 교차점은 십자가의 가로목과 세로목이 엇갈리는 바로 그 자리이기도 하다.

성 바울로도 이런 유의 일을 염두에 두고 이렇게 말했을 것이다. "사랑에 뿌리를 내리십시오. 그리하여 그리스도의 사랑이 얼마나 넓고 길고 높고 깊은지 깨닫고 모든 지식을 초월하는 바를 알 수 있기를 바랍니다."[1]

---

1. 《에페소 신자들에게 보낸 서간》 3장 17~19절.

신에 대한 암묵적 사랑의 형태들

"하느님을 사랑하라"는 계명은, 명령문이라는 형태를 보건대 신께서 장차 신부 될 이의 손을 잡으러 오실 때 영혼이 동의하느냐 마느냐는 물론이요, 신께서 찾아오시기 전부터도 사랑해야 한다는 뜻이다. 이 사랑은 영속적 의무이기 때문이다.

이 사전(事前)의 사랑은 신을 대상으로 삼지 않는다. 신은 임하지 않고 그 전에도 결코 임한 적이 없기 때문이다. 따라서 그 사랑에는 다른 대상이 있다. 그러나 그 사랑은 신에 대한 사랑이 되고야 말 운명이다. 우리는 그 사랑을 신에 대한 간접적 사랑 혹은 암묵적 사랑이라 부를 수 있다.

그 사랑의 대상이 이미 신이라는 이름을 달고 있을 때조차도 그렇다. 이 경우에는 그 이름이 부적절하게 붙은 셈이다. 혹은 반드시 신에 대한 사랑으로 발전한다는 이유에서만 이 명명이 타당하다고 하겠다.

신에 대한 암묵적 사랑은 지상의 세 가지 대상만을 직접적으로 취할 수 있다. 아무리 비밀스럽게라도 신께서는 그 세 가지 대상에 실제로 임하신다. 그 대상들이란 종교 예식, 세상의 아름다움, 이웃이다. 그래서 세 가지 사랑이 있다.

이 세 가지 사랑에 아마도 우정을 추가해야 할 것이다. 엄격히 보아서 우정은 이웃에 대한 자선과 구별된다.

이 간접적 사랑들의 덕은 정확하고도 엄밀하게 동등하다. 상황과 기질과 소명에 따라서 그중 어느 한 사랑이 맨 먼저 영혼에 깃든다. 어느 한 사랑이 예비 기간을 지배한다. 예비 기간 내내 반드시 똑같은 사랑이 주를 이루라는 법은 없다.

대부분의 경우, 영혼이 이 모든 간접적 사랑들을 웬만큼 높은 수준으로 품지 못했다면 예비 기간은 끝나지 않은 것이며 그 영혼은 친히 찾아오실 주인을 맞이할 준비가 되어 있지 않다.

이 사랑들의 합이 신에 대한 사랑을 예비 기간에 합당한 모습대로, 다시 말해 가려진 형태로 이루어 낸다.

본격적으로 신에 대한 사랑이라고 할 수 있는 사랑이 영혼에 떠오르면 암묵적 사랑들은 사라진다. 그 사랑들이 한없이 더 강해지고 한데 모여서 단 하나의 사랑이 된다.

그러나 베일에 가려진 사랑이 반드시 먼저 온다. 그런 형태의 사랑이 대개 매우 오랫동안 영혼을 지배한다. 죽을 때까지 이 상태에 머무는 사람도 많다. 가려진 사랑이 고도로 순수하고 힘 있는 경지에 도달하기도 한다.

이 사랑의 모든 형태는 영혼과 만나 성사와도 같은 위력을 끼친다.

이웃 사랑

그리스도는 이웃 사랑을 두고 상당히 분명하게 말씀하셨다. 자신에게 선을 베푼 자들에게는 언젠가 "너희는 내가 굶주렸을 때에 먹을 것을 주었다."라며 감사를 전할 날이 있을 거라고 하셨는데, 그리스도에게 선을 베푼 자가 그리스도 자신이 아니면 누구겠는가? 사람이 잠시나마 성 바울로가 말하는 상태, 즉 자기 안에 자기가 살지 않고 오직 그리스도가 사시는 상태로 고양되지 않고서야 어찌 그리스도에게 먹을 것을 줄 수 있을까?

복음서의 요지는 불행한 사람 안에 그리스도가 있다는 것이다. 그러나 선행을 입는 자의 영적 존엄은 전혀 문제가 되지 않는 듯하다. 그렇다면 선행을 하는 당사자가 그리스도를 품은 자이고 그가 먹을 것을 내어 줌으로써 배고픈 불쌍한 사람 안에 그리스도께서 깃들게 된다고 봐야 한다. 상대는 마치 영성체에 참여하는 사람이 그렇듯 이 임재에 동의하든가 거부하든가 할 수 있다. 한 사람이 다른 사람에게 내어 주는 빵 한 조각이 정말로 잘 주고 잘 받은 것이라면 진짜 영성체와도 같다.

그리스도는 자신에게 선을 행한 자들을 사랑이 많은 사람들, 자비를 베푸는 사람들이라 일컫지 않았다. 그리스도는 그들을 의인이라 불렀다. 복음서는 이웃 사랑과 정의를 전혀 구분하지 않는다. 고대 그리스인들도 탄원자 제우스를 존경하는 것이 정의의 첫째 의무라고 보았다. 우리는 정의와 자선의 구분을 만들어 냈다. 그 이유는 알아차리기 어렵지 않다. 우리의 정의 개념은 가진 자에게 의무를 면제해 준다. 가진 자가 반드시 주어야 할 의무가 없는데도 자기 것을 내어 준다면 그는 자기만족에 빠질 것이다. 그는 자기가 선행을 했다고 생각한다. 받는 자는 정의 개념을 어떻게 생각하느냐에 따라서 눈곱만큼도 고마워하지 않든가 비굴하게 고마움을 표하든가 둘 중 하나다.

정의와 사랑을 절대적으로 동일시해야만 한편으로 연민과 감사가 가능하고, 다른 한편으로는 불행한 사람 자신과 그 외 다른 이들이 불행의 존엄성을 존중할 수 있다.

자선은 선의(bonté)의 거짓된 모습을 보일 위험이 있기 때문에 어떤 경우에도 정의를 뛰어넘을 수 없다고 봐야 한다. 정의는 참으로 아름다운 것이기에 하느님의 영광에 감사하듯 의인의 정의에 감사해야 마땅하다. 그 밖의 다른 감사는 모두 굴욕적이고 심지어 동물적이다.

　정의로운 행동을 지켜보는 사람과 구체적으로 그 행동에서 혜택을 보는 사람의 유일한 차이는 전자에게는 정의의 아름다움이 구경거리에 지나지 않는 반면, 후자에게는 접촉 대상이자 일종의 자양분과도 같다는 것이다. 전자의 감정이 단순한 찬탄이라면 후자의 감정은 뜨거운 감사에 힘입어 더 높은 수준까지 나아간다.

　불의를 당하기 쉬운 상황에서 공정한 대우를 받고도 감사할 줄 모르는 사람은 정의라는 순수 행위의 초자연적 위력, 성사에 필적할 만한 그 위력을 스스로 거부한 셈이다.

　그 위력을 이해하는 데에는 투키디데스의 경이로운 글,[1] 즉 그가 성실한 정신으로 피력했던 자연정의설만큼 좋은 것이 없다.

　아테네인들은 스파르타인들과 전쟁을 하면서 멜로스라는 작은 섬의 주민들에게 자기네 편에 붙을 것을 강요했다. 이 섬은 머나먼 옛날에 스파르타와 동맹을 맺은 바 있었으나 그때까지 중립을 지키고 있었다. 멜로스 사람들은 아테네의 최후통첩을 받고서 정의에 호소하며 그네들의 오랜 도시를 가엾게 보아 달라 청원했으나 소용없었다. 멜로스 사람들이 항복하지 않자 아테네인들은 그 도시를 싹 쓸어버렸다. 남자들은 모두 죽이고 여자들과 아이들은 노예로 팔아넘겼다.

　이 내용을 투키디데스는 아테네인들의 입을 통해서 전한다. 그들은 먼저

---

1. 《펠로폰네소스 전쟁사》 중 '멜로스 대화'를 가리킨다.

자기네들의 최후통첩이 옳은가를 증명할 생각이 없노라 말한다.

"그보다는 무엇이 가능한가를 다루어봅시다. … 당신들이나 우리나 다 알고 있소. 인간의 정신이라는 것이 생겨 먹기를, 정의는 이쪽과 저쪽이 똑같이 필요를 느낄 때에만 검토 대상이 된다오. 강자와 약자가 있을 때에는 강자가 가능한 일을 명하고 약자는 받아들이는 법이오."

멜로스 사람들은 전쟁을 하게 되면 그들의 대의가 정의로우니 신들이 그들 편에 설 것이라고 했다. 아테네 사람들은 그렇게 가정할 근거가 하나도 없노라 대꾸한다.

"신들에게는 믿음을, 사람들에게는 확신을 품고 말하는 바, 자연의 필연에 따라서 누구나 자기가 명령할 수 있는 곳에서는 반드시 명령을 하게 마련이오. 우리가 이 법칙을 만든 것도 아니요, 우리가 처음 이 법칙을 적용한 것도 아니라오. 이미 수립되어 있는 법칙을 발견해서, 영원히 지속될 것으로 여기고 따를 뿐이오. 그게 우리가 그 법칙을 적용하는 이유라오. 어느 족속이나 마찬가지지만, 당신들도 우리만큼 힘을 갖게 되면 우리와 똑같이 행동할 것이오."

불의를 이런 식으로 이해하는 지성의 통찰력은 자비의 빛 바로 아래에 위치하는 빛이다. 그 빛은 자비가 존재했다가 꺼져 버린 곳에 얼마 동안 잔존한다. 그 아래 어둠 속에서 강자는 진심으로 자신의 대의가 약자의 대의보다 정의롭다고 믿는다. 로마인들과 히브리인들의 경우가 그러했다.

가능성, 필연성이 투키디데스의 이 대목에서는 정의의 반대말로 통한다. 강자가 약자에게 강요하는 모든 것은 가능하다. 이 가능성이 어디까지 갈지 검토하는 것이 합리적이다. 모두가 그러한 가능성을 익히 아는 것으로 가정한다면 강자가 자기 의지를 이 가능성의 극단까지 관철할 것은 분명하다. 그것은 기계적 필연이다. 필연이 아니라면 강자는 그러기를 원하는 동시에 원하지 않을 수도 있다는 식의 모순이 발생할 것이다. 그것은 강자에게나 약자에게나 필연이다.

두 사람이 함께 일을 해야 하는데 어느 한쪽이 다른 한쪽에게 아무것도 강요할 수 없다면 두 사람이 서로 뜻이 통해야 한다. 이때 검토되는 것이 정의다. 정의만이 두 의지를 일치시킬 힘이 있기 때문이다. 정의는 신 안에서 성부와 성자를 일치시키는 이 사랑을 닮았다. 이 사랑은 개별적인 사유자들이 공통적으로 하는 사유다. 그러나 강자와 약자가 있으면 두 의지를 일치시킬 필요가 없다. 이때는 단 하나의 의지, 즉 강자의 의지가 있을 뿐이다. 약자는 복종한다. 사람이 물질을 다룰 때와 똑같다. 일치시켜야 할 두 개의 의지가 있는 것이 아니다. 사람이 원하면 물질은 따른다. 약자는 사물과 같다. 귀찮은 개를 쫓아내려고 돌을 던지는 행위와 노예에게 "저 개를 쫓아 버려라."라고 말하는 것에는 아무 차이가 없다.

사람 사이의 불평등한 알력 관계에서 그 불평등이 어느 수준을 넘어가면 약자는 물질의 상태로 넘어가 인격을 상실한다. 그래서 옛사람들은 "사람은 노예가 되는 날 자기 영혼의 절반을 잃는다"고 했다.

수평을 이룬 저울, 평등한 힘의 관계를 나타내는 이 이미지는 아주 오래전부터, 특히 이집트에서 정의의 상징으로 통했다. 저울이 상업에 쓰이기 전에는 아마도 종교적 용도로 쓰였을 것이다. 상업에서 저울의 사용은 정의의 본질 자체이자 거래의 수칙이어야 할 상호 동의를 나타낸다. 정의(justice)가 상호 동의로 이루어진다고 보는 이 정의(définition)는 스파르타의 법에서도 찾아볼 수 있는데 아마도 에게-크레타 문명에서 기원했을 것이다.

정의의 초자연적인 힘은 강자가 힘의 불평등한 관계 속에서도 마치 평등한 관계에 있는 양 행동하게 한다는 데 있다. 0도 아래서 액체 상태를 유지하던 물이 사소한 충격에 얼어붙듯이 약자는 사소한 계기로도 자기에게 자연스럽게 여겨지는 물질의 상태로 전락하기 쉽다. 따라서 강자는 정확히 모든 면에서, 사소한 표현과 태도에 있어서도 약자를 자신과 평등한 존재로 대우해야 한다.

약자에게 정의의 초자연적인 힘은 진정한 힘의 평등이 없는데도 자기가 평등하게 대우받는 것은 오로지 타자의 관용 덕분이라는 인식으로 나타난다. 이것이 감사다. 한편, 평등하게 대우받지 못하는 약자에게 정의의 초자연적 힘은 자신이 받는 대우가 정의와는 무관하지만 인간 본성의 메커니즘과 필연에는 부합한다는 인식으로 나타난다. 그는 굴복하지 않되 반항하지도 않고 그 상태에 머물러야 한다.

자기보다 한참 힘없는 사람들을 자신과 평등하게 대우하는 자는 운명이 그 사람들에게서 박탈한 인간성을 선물한 셈이다. 이런 일이 피조물에게 가능한 한에서, 그 사람은 창조주 본연의 관용을 약자들에게 그대로 베푼 것이다.

이 덕은 각별히 그리스도교적이다. 고대 이집트의 《사자의 서》도 복음서의 말씀 못지않게 숭고한 말씀으로 이 덕을 표현한다. "나는 아무도 눈물 흘리게 하지 않았습니다. 아무에게도 거만한 목소리로 말하지 않았습니다. 아무에게도 두려움을 주지 않았습니다. 진실하고 정의로운 말에 결코 귀를 닫지 않았습니다."

불행한 사람들의 순수한 감사도 그 덕에 해당한다. 감사할 수 있는 사람만이 그 덕을 알아볼 수 있기 때문이다. 다른 사람들은 그 덕의 결과를 경험하면서도 그 덕을 알아보지 못한다.

이 덕은 참된 신을 믿는 것과 사실상 동일하다. 투키디데스의 책에 등장하는 아테네인들은 신이 마치 자연 상태의 인간처럼 가능한 것을 극단까지 밀어붙이도록 명령한다고 생각했다.

참된 신은 전능하지만, 명령할 수 있는 모든 곳에서 명령을 행사하시지는 않는다. 그는 하늘나라에 계시든가, 이 땅에 은밀히 임하시기 때문이다.

멜로스 사람들을 학살한 아테네인들은 신을 이런 식으로 생각하지 않았다.

무엇보다도 다음과 같은 사실이 아테네인들의 오류를 입증한다. 그들의 주장과 달리 어떤 사람이 순전히 관용을 베풀어, 자기가 명령할 수 있는 곳에서도 명령을 삼가는 경우는 드물지만 분명히 있다. 인간에게 가능한 일은 신에게도 가능하다.

실례를 들어 반박할 수도 있다. 어떤 사례든 순전히 관용에서 우러난 일로 증명될 수만 있다면 뭇사람의 칭송을 받을 것은 분명하다. 사람이 칭송할 수 있는 모든 일은 신에게도 가능하다.

이 세상의 광경은 더욱더 확실한 증거가 된다. 순수한 선은 어디에도 없다. 그렇다면 신이 전능하지 않든가, 신이 절대적으로 선하지는 않든가, 신이 자신이 힘을 행사할 수 있는 모든 곳에서 그렇게 하지 않든가, 이 셋 중 하나다.

이렇듯 지상에 악이 존재한다는 사실이 신의 실재성을 반박하기는커녕 그 실재성을 참된 것으로 드러낸다.

창조가 하느님 입장에서는 자기 확장이 아니라 은거와 포기의 행위다. 신과 모든 피조물을 합쳐도 신 혼자의 존재보다 못하다. 신은 이러한 축소를 받아들였다. 신은 자기 존재의 일부를 비워 주셨다. 이 행위를 통하여 신은 이미 자신의 신성을 삭감한 것이다. 이런 뜻에서 성 요한은 어린양이 세상이 창조된 때부터 이미 죽임을 당했다고 말했다. 신은 그때 이미 자기 아닌 다른 것들, 자기보다 한없이 열등한 것들의 존재를 허락하셨다. 그리스도께서 우리에게 우리 자신을 부인하라 말씀하셨듯이 신께서도 창조 행위를 통하여 스스로를 부인하셨다. 신은 우리가 당신을 위해서 우리를 부인할 수 있는 가능성을 주시고자 자신을 부인하셨다. 우리는 이에 응답하고 화답할 수도 있고 그러지 않을 수도 있다. 그러나 우리의 응답만이 창조 행위라는 어리석을 정도의 극진한 사랑을 정당화할 수 있다.

이 포기, 신께서 자발적으로 거리를 두심, 자진하여 물러나심, 표면상으로는 부재하되 비밀스레 지상에 임재하심을 탐구했던 종교들은 모두 참다운 종교요, 하나의 위대한 계시(Révélation)를 여러 언어들로 번역한 결과다. 신이 자기가 명령할 수 있는 곳 어디서나 명령한다고 생각하는 종교는 거짓되다. 그런 종교는 유일신을 섬긴다 해도 우상숭배에 불과하다.

불행에 치여 활기 없고 수동적인 사물의 상태에 떨어진 사람도 다른 사람의 관용으로 잠시나마 사람답게 된다. 그가 이 관용의 참다운 본질을 기꺼이 받아들이고 느낄 수 있다면 그 순간 전적으로 자비에서 비롯된 영혼을 맞아들일 것이다. 그는 높은 곳에서부터 물과 영으로 태어난다(복음서에 쓰인 단어 'anōthen'(ἄνωθεν)은 '거듭, 다시'라는 뜻보다 '높은 곳에서'라는 뜻일 때가 더 많다). 불행한 이웃을 사랑으로 대하는 것은 그에게 세례를 베푸는 것과 같다.

관용을 베푸는 사람은 자신을 떠나 다른 사람 속에 들어간 것처럼 생각을 할 때에만 그 같은 행동을 할 수가 있다. 그 사람 역시 그 순간에는 물과 영으로만 이루어진 사람이다.

관용과 연민은 떼려야 뗄 수 없고 둘 다 신에게 그 본보기가 있으니, 그 본보기가 바로 창조와 수난이다.

그리스도는 초자연적인 이웃 사랑이 두 존재 사이에 번개처럼 일어나는 연민과 감사의 교환임을 가르쳐 주셨다. 이 두 존재 중 한쪽은 사람됨이 넘치는 반면 다른 한쪽은 그러한 사람으로서의 인격을 박탈당했다. 한 사람은 그저 낭떠러지 옆에서 헐벗은 채 피 흘리며 축 늘어져 있을 뿐이다. 그는 이름이 없으며 그에 대해서 뭔가 아는 사람도 없다. 사람들은 이 사물 상태의 사람 옆을 지나치면서도 그의 존재를 거의 알아차리지 못하고 몇 분 후에는 벌써 그런 사람이 있었다는 것조차 모른다. 오직 한 사람이 발길을 멈추고 관심을 기울인다. 그 이후의 행위들은 주의를 집중한 순간이 자동적으로 끌어낸 결과일 뿐이다. 이 주의는 창조적이다. 그러나 주의를 행사하는 동안 그 주의 자체는 포기다. 적어도 순수한 주의라면 그렇다. 그는 에너지의 소모에 집중함으로써 자기 축소를 받아들인 것이다. 에너지의 소모는 그의 힘을 확장해 주지 않고 그저 자기 아닌 다른 존재, 자기와 무관한 존재를 존재케 할 뿐이니까. 나아가 타자가 존재하기를 바란다는 것은 공감에 힘입어 스스로 그 타자에게로 옮겨가는 것, 그로써 타자의 무기력한 물질 상태에 자신도 동참하는 것이다.

이 작용은 불행을 겪지 못해서 그게 뭔지도 모르는 사람과 불행을 경험하고 예감한 탓에 공포에 사로잡힌 사람 양쪽 모두의 본성에 똑같이 위배된다.

빵을 가진 사람이 굶주린 자에게 한 조각 내어 주는 것이 무에 놀라운가. 그가 물건을 사는 행위와는 차별화되는 행위로써 그런 적선을 할 수 있다면 그게 놀라운 일이다. 적선이 초자연적이지 않다면 구매 활동과 흡사하다. 적선으로 불쌍한 사람을 사는 셈이니까.

사람이 무엇을 원하든, 죄를 범할 때에나 가장 높은 덕을 실천할 때에나, 소소한 관심에서나 원대한 의도에서나, 그가 원하는 바의 본질은 항상 이것, 즉 의지의 자유로운 행사다. 불행에 치여 자유로운 동의의 능력을 박탈당한 사람에게 그 능력이 돌아오기를 바란다는 것은 내가 그 사람 안으로 옮겨 감이요, 나 자신의 불행에 동의함이니, 자기 파괴와 다르지 않다. 이것이 자기 부인이다. 우리는 자기를 부인함으로써 일찍이 신께서 그러셨듯이 창조의 긍정을 통해서 타자를 긍정할 수 있게 된다. 타자를 위하여 자신을 몸값으로 내놓는 것이다. 이것이 대속의 행위다.

약자가 강자에게 공감하는 것은 자연스럽다. 약자는 타자 안으로 옮겨 가야만 상상으로 힘을 얻기 때문이다. 약자에 대한 강자의 공감은 그 역작용이니 순리에 어긋난다.

그런 까닭에 강자에 대한 약자의 공감은 상대가 정말로 관대해서 상대의 공감 자체가 유일한 목적일 때에만 순수하다. 여기에 초자연적인 감사, 초자연적인 연민의 대상이 되었다는 행복감이 있다. 그런 연민은 자부심을 절대로 손상시키지 않는다. 불행 속에서도 자부심을 지킨다는 것 자체도 초자연적이다. 순수한 감사는 순수한 연민이 그렇듯 본질적으로 불행에 대한 동의다. 불행한 사람과 그에게 선을 베푸는 사람은 서로 다른 팔자를 타고나 한없이 먼 거리에 있지만 이 동의에 있어서만큼은 하나다. 그들 사이에는 피타고라스적인 의미의 우정, 기적적인 조화와 평등이 있다.

명령할 수 있는 모든 곳에서 명령하지 않는 것이 더 좋다는 것을 두 사람은 동시에, 온 영혼으로 알아본다. 그러한 생각이 영혼 전체를 장악하고 상상을 지배한다면 행위를 낳는 진정한 믿음이 된다. 그 이유는 이 생각이 힘의 모든 근원이 존재하는 이 세상의 바깥으로 선을 밀어내기 때문이다.

이 생각은 선을 인격의 중심을 차지하는 비밀스러운 지점의 본보기처럼 인식한다. 그 본보기란 결국 포기의 원리다.

예술과 학문에서도 이류 작품은 솜씨가 훌륭하든 보잘것없든 결국 자기 확장이지만 초일류 작품, 창조는 자기 포기다. 진정한 일류와 가장 나은 이류를 한데 섞어 영광을 돌리고 그 빛으로 무차별하게 뒤덮을 뿐 아니라 후자를 더 높이 치는 경우도 제법 많기 때문에 우리는 이 진리를 파악하지 못한다.

창조적인 주의력으로 이루어진 이웃 사랑은 천재성과 유사하다.

창조적인 주의력은 존재하지 않는 것에도 실질적인 관심을 쏟는 것이다. 길가에 축 늘어진 익명의 육체에는 인간성이 존재하지 않는다. 발길을 멈추고 그를 바라보았던 사마리아인은 그럼에도 불구하고 그 부재하는 인간다움에 집중했고, 이후에 따라 나온 그의 행동들은 그 집중이 실질적이었음을 보여준다.

바울로는 믿음이 보이지 않는 것들의 실상이라고 했다. 이 집중의 순간에 믿음은 사랑과 함께 분명히 현존한다.

마찬가지로, 전적으로 타인의 재량에 놓여 있는 인간은 존재하는 것이 아니다. 노예는 주인의 눈에도, 자기 자신의 눈에도 존재하지 않는다. 미국의 흑인 노예들은 일하다가 손이나 발을 다쳐도 이렇게 말했다. "괜찮습니다. 이건 주인님의 발, 주인님의 손이니까요." 사회적 배려가 결정적으로 구체화되는 재화들을 완전히 박탈당한 사람은 존재한다고 볼 수 없다. 어떤 스페인 가요는 경이로운 진실을 가사에 담고 있다. "눈에 띄고 싶지 않다면 가난뱅이가 되는 것만큼 확실한 방법이 없다." 사랑은 보이지 않는 것을 본다.

신은 존재하지 않는 것을 생각하셨고, 그 생각으로써 그것을 존재케 하셨다. 우리는 사실상 존재하지 않지만 신께서 우리 존재를 기꺼이 생각하신다는 그 이유만으로 매 순간 존재한다. 최소한 우리는 그렇게 인간적으로, 요컨대 그릇되게 창조를 생각하지만 그 상상에도 진리는 있다. 오직 신만이 존재하지 않는 것을 실제로 생각하는 이 힘을 지닌다. 오직 우리 안에 임하시는 신만이 불행한 사람들의 인간다움을 실제로 생각하고, 사물을 바라보는 눈과는 다른 눈으로 그들을 바라보고, 사람 말을 들을 때처럼 그들의 목소리에 진정으로 귀를 기울일 수 있다. 그들은 그제야 자기들에게도 목소리가 있다는 것을 깨닫는다. 이런 경우가 아니고서는 깨달을 기회가 없을 것이다.

가엾은 이에게 정말로 귀 기울이기도 힘들지만, 그 사람이 자기 말이 오로지 연민으로만 경청되는지 아는 것도 그 못지않게 어렵다.

이웃 사랑은 신에게서 인간으로 내려가는 사랑이다. 이 사랑은 인간에서 신께로 올라가는 사랑에 선행한다. 신은 서둘러 불쌍한 사람들에게로 내려오신다. 영혼이 동의할 수만 있으면 그 영혼이 가장 나중 된 것, 가장 비참하고 가장 추악한 것일지라도 신은 서둘러 그 안으로 들어가 그 영혼을 통하여 가엾은 이들을 바라보시고 경청해 주신다. 시간이 흐른 후에야 영혼은 신의 임재를 안다. 영혼은 이 임재를 뭐라고 불러야 할지 모르지만 불행한 사람들이 그들 자체로서 사랑받는 모든 곳에 하느님께서 임재하신다.

불행한 사람들이 선행의 기회밖에 되지 못하는 곳에서는 설령 그들이 그러한 자격으로 사랑받을지라도 하느님께서 임재하시지 않는다. 그들은 자연적 역할, 즉 물질의 역할, 사물의 역할을 하고 있을 뿐이니까. 이 경우,

그들은 인격을 떠나서 사랑받을 뿐이다. 그런데 활기 없는 익명의 상태에 처한 그들에게 품어야 할 사랑은 인격적인 사랑이다.

바로 이런 이유에서 하느님 안에서, 하느님을 위해서 이웃을 사랑하라는 표현은 그릇되고 애매하다. 인간은 그가 지닌 모든 집중력을 쏟아 봤자, 옷도 걸치지 않은 채 길가에 쓰러져 축 늘어져 있는 그 보잘것없는 육신을 그저 바라보는 것밖에 할 수 없다. 이때는 생각이 신께로 향하는 때가 아니다. 모든 피조물을 잊고 오직 신만을 생각해야 할 때가 있는가 하면, 피조물을 바라보면서 창조주를 대놓고 생각해서는 안 되는 때가 있다. 이런 순간에는 심오한 비밀을 조건으로 삼아 우리 안에 신이 존재하는데, 그 비밀이 얼마나 깊은지 우리에게조차 숨겨져 있다. 신에 대한 생각이 우리를 그분과 분리시키는 때가 있다. 수줍음은 신랑과 신부가 한 몸이 되는 조건이다.

참사랑에서는 우리가 신 안에서 불쌍한 사람들을 사랑하는 것이 아니라 우리 안의 신이 그들을 사랑하신다. 연민과 감사는 신에게서 내려와 시선을 통해서 교환되는데, 시선과 시선이 마주치는 바로 그 지점에 신이 계신다. 불쌍한 사람과 선을 베푸는 사람은 신을 출발점 삼아, 신을 통하여 서로 사랑하지만 하느님을 사랑하기 위해서 서로를 사랑하는 것은 아니다. 그들은 서로를 향한 사랑 그 자체로 사랑한다. 이 사랑에는 뭔가 불가능한 면이 있기 때문에 신을 매개로 삼아야만 한다.

하느님을 사랑하기 위해서 굶주린 자에게 빵을 준 사람에게는 그리스도가 고마워하지 않을 것이다. 그 사람은 하느님을 사랑하기 위해서 그 일을 한다는 생각으로 이미 제 몫을 받았다. 그리스도는 자신이 누구에게 먹을 것을 주는지 알지 못하는 자들에게 감사하신다.

게다가 준다는 것은 불쌍한 사람들에 대한 사랑이 취할 수 있는 두 형태 중 하나일 뿐이다. 힘은 늘 선을 끼칠 수 있는 힘과 악을 끼칠 수 있는 힘이다. 심히 불평등한 힘의 관계에서 우위에 있는 자는 아래에 있는 자에게 공정하게 잘해 주든가, 공정하게 위해를 가하든가, 어느 쪽으로든 공정해질 수 있다. 전자의 경우는 적선에 해당할 것이요, 후자의 경우는 벌을 주는 것이다.

공정한 벌은 공정한 적선과 마찬가지로, 신이 실제로 그 안에 임재하시기에 성사와 흡사하다. 이 점은 복음서도 명확히 말하고 있다. 그 표현이 바로 "죄 없는 자가 먼저 저 여자에게 돌을 던져라."가 되겠다. 오직 그리스도만이 죄가 없다.

그리스도는 간음한 여인을 용서해 주셨다. 벌을 내리는 역할은 십자가에 매달려 마치게 될 지상에서의 삶에 적합지 않았다. 그러나 그리스도가 형법을 폐지하라고 명하시지는 않았다. 뭇사람들이 계속 돌을 던지도록 허용하신 셈이다. 공정하게 돌을 던지는 곳이라면 그 어디서든 그리스도가 맨 먼저 돌을 던진다. 의인이 먹이는 굶주린 자 안에 그리스도가 계시듯, 의인이 처벌하는 가엾은 죄인 안에도 그리스도가 계신다. 명시적으로 그렇게 말씀하시지는 않았으나 본인이 일반법을 어긴 죄수로서 돌아가심으로써 충분히 알려 주셨다. 그리스도는 전과자들의 신성한 모범이다. J. O. C.[2]에서 교육받은 젊은 노동자들이 그리스도께서도 노동자였다는 사실에 감격하듯 전과자들도 똑같은 감격을 맛보아 마땅하다. 노동자들을 교육할 때처럼 전과자들에게도 그 사실을 말해 주기만 하면 된다. 어떤 면에서 그리스도는 순교자보다 죄인에 더 가깝다.

---

2. Jeunesse Ouvrière Chretienne(그리스도교 청년 노동회)의 약자.

사람을 죽이는 돌, 양식이 되는 빵이 그리스도가 출발점과 도착점에 계시기만 하면 똑같은 덕을 지닌다. 생명을 주는 것, 죽음을 주는 것이 똑같이 등가적이다.

힌두교 전통에 따르면 삼주신(三主神) 가운데 두 번째 신의 강생[3]인 라마 왕은 백성들 사이에서 추문이 일어나는 것을 막기 위해서, 법을 어기고 종교적 금욕에 전념한 비천한 카스트의 한 사내를 심히 내키지 않았지만 처벌해야만 했다. 라마는 몸소 그 사내를 찾아가 단칼에 그를 죽였다. 그러자 죽은 자의 영혼이 왕의 눈앞에 나타나 무릎을 꿇고는 영광스럽게도 그 복된 검으로 목숨을 끊어 주어서 고맙다고 했다. 이렇듯 어떤 면에서 몹시 부당한 처형도 합법적으로, 게다가 신의 손으로 이루어졌을 때에는 성사와 같은 효력을 나타냈다.

형벌의 법적 성격은 종교적 요소가 없고 성사와 비슷한 효력을 지니지 못하는 한, 아무 의미도 없다. 따라서 형벌에 관여하는 모든 역할은, 판사에서부터 형리(刑吏)와 간수에 이르기까지, 어떻게 보자면 성직에 해당한다.

정의는 벌을 통해서나 적선을 통해서나 동일한 방식으로 규정된다. 정의는 사물이 아니라 존재로서의 불쌍한 사람에게 주의를 집중하는 것, 그 사람이 자유로이 동의할 수 있는 능력을 보전하기 바라는 것이다.

사람들은 죄를 멸시한다 생각하나 실상은 불행의 약함을 멸시한다. 그래서 불행하고 죄 있는 사람을 두고 죄를 멸시한다는 핑계로 불행을 마구 멸시하는 것이다. 불행하면서 죄까지 있는 사람은 가장 큰 멸시의 대상이 된다. 멸시는 집중의 반대다. 위세를 이유로 저지르는 죄는 예외가 되겠다. 살인이 일시적으로 권력을 불러오는 경우, 혹은 죄를 심판하는 자들에게

---

3. 여기서 말하는 삼주신은 브라흐마, 비슈누, 시바이며 라마 왕은 비슈누의 화신으로 통한다.

분명한 의식을 일깨우지 못하는 경우 그런 예외가 발생한다. 가령 도둑질은 가장 위세가 없는 죄인데 가장 심한 분노를 산다. 사유재산은 가장 일반적이고 가장 강력한 애착의 대상이기 때문이다. 이 점은 형법에도 명백히 나타난다.

거짓이든 진실이든 죄의식에 빠진 듯 보이는 인간, 몇 마디로 그의 운명을 좌우할 수 있는 자들의 손아귀에 전적으로 놓여 있는 인간보다 미천한 존재는 없다. 심판자들은 그에게 관심을 기울이지 않는다. 게다가 일단 처벌을 받게 된 사람은 거기서 벗어나는 순간까지 — 창녀들이 그렇듯 소위 전과자들은 죽을 때까지 그 바닥을 벗어날 가능성이 거의 없다고 봐야겠지만 — 결코 관심 대상이 되지 못한다. 아주 세세한 부분까지, 심지어 목소리의 억양까지도, 그가 모든 사람과 그 자신의 눈에 비천한 것, 질 나쁜 것으로 비치게끔 짜여 있다. 야만성과 경박성, 멸시 어린 용어들과 농담, 말하는 방식, 듣는 방식과 듣지 않는 방식이 모두 다 그런 효과를 낸다.

의도적인 심술은 조금도 없다. 불행의 모습을 한 죄, 다시 말해 끔찍한 더러움이 적나라하게 노출되는 형태를 파악하고 다루는 직업에 종사하다 보면 자동적으로 그렇게 된다. 그러한 접촉이 끊임없이 되풀이되면 필연적으로 오염이 일어나고, 그 오염의 형태가 멸시다. 피고인 한 사람 한 사람에게 미치는 그 멸시 말이다. 사법기관은 마치 피고인에게 비참한 범죄가 깃든 계층 전체의 모든 더러움을 떠안기는 전달장치 같다. 그래서 인간은 형벌기관을 그냥 접하기만 해도 영혼의 흠 없는 부분에 정비례해서, 무고함에 정비례해서 일종의 공포를 느낀다. 아예 썩어 빠진 자들은 아무 손상도 입지 않고 괴로워하지도 않는다.

사법기관과 죄 사이에 더러움을 정화할 그 무엇이 없다면 사정은 변하지 않는다. 그 무엇은 신일 수밖에 없다. 무한한 순수만이 악과 접촉해도 오염되지 않는다. 이 접촉이 장기화되면 유한한 순수는 결국 더러워질 수밖에 없다. 법을 어떤 식으로 개혁하든지 벌은 그리스도를 거치지 않는 한 인간적일 수 없다.

형벌의 준엄한 정도가 더 중요한 것은 아니다. 지금과 같은 상황에서는 죄수가 실제로 죄를 지었고 잘못에 비해 관대한 벌을 받더라도 부당하게 가혹한 취급을 당하는 것처럼 보일 만도 하다. 중요한 것은 형벌의 적법성, 다시 말해 벌이 법에서 직접 도출되어야 한다는 것이다. 또한 법은 그 내용 때문이 아니라 법이라는 자격 때문에 신성한 것으로 간주되어야 한다. 형법을 집행하는 조직의 목표는, 집행관과 보좌관이 모든 인간이 누려 마땅한 관심과 존중을 자기 처분에 맡겨진 피고에게도 기울이고 피고는 죄 없는 그리스도께서 친히 보여 주신 모범을 따라 자기에게 선고된 처벌에 동의하는 것이 되어야 한다.

가벼운 죄에 떨어진 사형선고도 이러한 방식으로 이루어진다면 오늘날의 6개월 징역형보다 덜 끔찍하겠다. 자신의 말에만 기댈 수 있는데 사회적 출신과 부족한 식견 때문에 그런 말조차 제대로 풀어 놓지 못하는 피고인을 보는 것만큼 끔찍한 일은 없다. 피고인은 죄책감, 불행, 공포에 찌들어 말을 더듬고 판사들은 그의 말을 경청하기는커녕 세련된 언어를 보란 듯이 구사하며 그의 말을 끊기 일쑤다.

사회에 불행이 존재하는 한, 법으로 정해졌거나 개인적으로 행하는 적선과 처벌도 불가피하게 존재할 것이요, 시민 제도와 종교적 삶의 분리는 범죄가 될 것이다. 세속성(secularité), 즉 종교와 분리된 사회 관념은,

그 자체로만 따지면 그릇되었다. 세속성 관념은 전체주의적인 종교에 대한 저항으로서만 얼마간 정당하다. 그렇게 볼 때에는 세속성 관념이 일부 적합하다고 인정해야 한다.

종교가 마땅히 모든 곳에 임하려면 전체주의적이어서는 안 될 뿐 아니라 초자연적인 사랑이라는 영역으로 엄격히 제한되어야 한다. 그러한 영역만이 종교에 합당하다. 그래야만 종교가 도처에 파고들 것이다. 성경도 "지혜는 그 온전한 순수로 말미암아 도처에 파고든다"고 말한다.

가장 넓은 의미에서의 구걸과 형벌은 그리스도가 부재하기에 이 세상에서 가장 끔찍한 일, 생지옥에 가까운 일일 것이다. 구걸과 형벌은 지옥의 빛깔을 띤다. 매춘도 여기에 추가할 수 있겠다. 매춘과 참다운 혼인의 관계는 자비 없는 적선과 처벌이 의로운 적선과 처벌과 맺는 관계와 같다.

사람은 다른 사람의 몸뿐만 아니라 영혼에도 선과 악을 다 같이 행할 수 있는 능력을 받았다. 신이 임재하지 않은 이들의 영혼에 대해서, 타인들의 영혼에서 신이 거하지 않는 부분에 대해서 그렇게 할 수 있다. 어떤 이에게 신, 악의 힘, 혹은 육체의 메커니즘이 깃들어 있는데 이 사람이 적선을 베풀거나 처벌을 내리면 주는 자 안에 거하는 것이 빵 혹은 칼날을 통하여 받는 자의 영혼으로 들어간다. 빵과 칼을 이루는 물질은 무구하며 선악이 없으니 무차별적으로 전달 가능하다. 불행에 처하여 적선(빵)을 받거나 처벌(칼)을 받을 수밖에 없는 자는 선과 악 모두에 무방비로 노출되어 있다.

선만을 받는 방법이 하나 있다. 순수한 자비에서 행동하지 않는 사람들이 생명 없는 물질과 마찬가지로 세상의 질서를 이루는 톱니바퀴들임을, 추상적으로가 아니라 온 영혼으로 아는 것이다. 이때부터는 어느 인간에 대한 사랑을 통해서든, 만질 수 있는 물질의 관성 혹은 심리적 관성을 통해서든, 물(物) 혹은 영(靈)을 통해서, 신에게서 직접 온다. 우리 안에서 생명 에너지를 증가시키는 모든 것은 그리스도께서 의인들에게 받았다며 고맙게 여기는 그 빵과 같다. 모든 타격, 상처, 훼손은 그리스도께서 친히 우리에게 던지는 그 돌과 같다. 빵과 돌이 그리스도에게서 와서 우리 존재 안으로 파고듦으로써 우리 안에 그리스도가 들어오신다. 빵과 돌은 사랑이다. 우리는 그 사랑이 우리 육신에 가급적 깊이 침투할 수 있게끔 그 빵을 먹고 그 돌을 맞아야 한다. 만약 우리가 그리스도가 던지는 돌을 막을 수 있는 갑옷을 영혼에 두르고 있다면 얼른 벗어 던져야 할 것이다.

세계의 질서에 대한 사랑

그래서 세계의 질서, 세상의 아름다움에 대한 사랑은 이웃 사랑을 보완한다.

이 사랑도 똑같은 포기, 즉 신의 창조가 함축하는 자기 포기에서 나온다. 신은 이 우주를 존재케 하시고, 스스로 명령할 수 있으나 그렇게 하지 않기로 하셨다. 신은 한편으로 기계적 필연이 영혼의 심리적 질료까지 포함하는 물질을 지배하게 하셨고, 다른 한편으로는 사유하는 인간들을 본질적인 자율성이 지배하게 하셨다.

우리는 이웃을 사랑함으로써 우리를 포함한 인간들을 창조하신 신의 사랑을 모방한다. 또한 세계의 질서를 사랑함으로써 우리가 속한 이 우주를 창조하신 신의 사랑을 모방한다.

인간은 물질과 영혼에 명령할 수 있는 힘이 없기 때문에 그러한 명령을 포기할 수도 없다. 그러나 신이 인간에게 그 힘의 가상적 이미지, 즉 상상적인 신성을 부여하셨기 때문에 인간은 피조물인데도 스스로 신성을 비워 낼 수 있다.

신이 우주 밖에 계시는 동시에 우주의 중심에 실제로 계시는 것처럼 각 사람은 상상에 힘입어 세계의 중심에 위치한다. 자기가 우주의 중심이라고 착각하는 것이다. 동일한 착각이 인간의 내면에서 시간 감각을 왜곡한다. 그리고 또 하나의 그 같은 착각이 그 사람을 둘러싼 모든 가치들의 위계질서에 관여한다. 이 착각은 존재감에까지 미친다. 가치에 대한 감정과 존재에 대한 감정은 우리 안에서 긴밀하게 이어져 있기 때문이다. 존재는 우리에게서 멀어질수록 점점 더 밀도가 떨어지는 것처럼 보인다.

우리는 이 공간적 착각을 거짓된 상상의 서열로 격하시킨다. 그러지 않을 수가 없다. 우리는 그러지 않고는 단 하나의 사물도 지각할 수 없고, 단 한 발짝도 제대로 내딛을 수 없을 만큼 갈피를 못 잡는다. 신은 이렇게 우리 영혼 전체를 변화시키는 작용의 본보기를 주셨다. 우리 모두 어릴 때 공간적 착각을 통제하고 다스리는 법을 배우듯이 시간, 가치, 존재에 대한 감각의 착각도 통제하고 다스릴 수 있어야 한다. 그러지 않으면 우리는 공간 외의 모든 차원들에서 아무것도 분별하지 못하고 한 발짝도 내딛지 못할 것이다.

우리는 비현실 속에, 꿈속에 있다. 지성뿐만 아니라 영혼의 상상력에서도 우리의 가상적 중심 위치를 포기한다는 것은 실재와 영원에 눈뜨는 것, 진정한 빛을 보고 진정한 침묵을 듣는 것이다. 이때 감각적 인상과 심리적 인상을 받아들이는 직접적 방식에서 감성의 뿌리부터 일대 변화가 일어난다. 그 변화는 밤에 길가에 사람이 웅크려 있는가 보다 생각했는데 갑자기 그게 사람이 아니라 나무였음을 깨닫는 것과 비슷하다. 혹은 어디서 속닥거림이 들린다 싶었는데 알고 보니 나뭇잎 스치는 소리더라는 깨달음 같다고 할까. 같은 색을 보고 같은 소리를 들어도 지각의 방식은 같지 않다.

거짓 신성을 비워 내기, 자기 부인, 내가 세상의 중심에 있다는 상상을 포기하기, 세상의 모든 지점들이 똑같은 중심들이되 진정한 중심은 세상 밖에 있다는 깨달음, 이 모두가 물질을 지배하는 기계적 필연과 각 영혼의 중심을 지배하는 자유로운 선택에 동의함이다. 이 동의는 사랑이다. 이 사랑에서 사유하는 인격들에게로 향해 있는 면이 이웃 사랑이라면 물질로 향해 있는 면은 세상의 질서에 대한 사랑, 혹은 결국 같은 얘기지만 세상의 아름다움에 대한 사랑이다.

고대에는 세상의 아름다움에 대한 사랑이 사유의 아주 큰 부분을 차지했고 삶 전체를 경이로운 시정으로 감싸 주었다. 당시에는 중국, 인도, 그리스 등 모든 나라 사람들이 그러했다. 그리스 스토아주의는 초대 그리스도교, 특히 성 요한의 사상과 대단히 흡사한데 참으로 경이로운 이 사상은 전적으로 세상의 아름다움에 대한 사랑이라고 해도 과언이 아니다. 이스라엘의 경우를 보자면 구약성서의 여러 대목, 《시편》, 《욥기》, 《이사야서》, 여러 지혜서들에서 세상의 아름다움에 대한 비할 데 없는 표현들을 찾을 수 있다.

성 프란체스코의 예는 세상의 아름다움이 그리스도교 사상에서 어떤 위치를 차지하는지 잘 보여 준다. 그의 시는 완벽한 시정에서 나왔고 그의 온 생애 또한 행위로 옮겨진 완벽한 시다. 가령 그가 은둔처와 수도원을 설립할 곳을 선택한 방식은 행위로 옮겨진 가장 아름다운 시다. 성 프란체스코에겐 방랑과 청빈조차도 시였다. 그는 세상의 아름다움과 직접 맞닿기 위하여 헐벗은 이가 되었다.

십자가의 성 요한에게서도 세상의 아름다움에 대한 빼어난 시구들을 찾아볼 수 있다. 그러나 전반적으로, 까맣게 잊힌 채로 묻혔을 중세의 잘 알려지지 않았거나 전혀 모르는 보물들을 마땅히 유보하고 본다면 그리스도교 전통에는 세상의 아름다움이 거의 부재한다고 말할 수 있을 것이다. 희한한 일 아닌가. 그 원인을 납득하기가 어렵다. 이건 심각한 누락이다. 그리스도교에 우주 자체가 부재한다면 그리스도교가 어떻게 보편 종교를 자처할 수 있겠는가?

복음서가 세상의 아름다움을 크게 다루지 않은 것은 사실이다. 그러나 성 요한의 말마따나 그 짧은 글에 그리스도의 가르침 전부가 담겼을 리 만무하고 제자들은 제자들대로 그토록 도처에 만연한 감정을 복음서에 집어넣을 필요는 없다고 생각했을 것이다.

그러나 복음서는 세상의 아름다움을 두 번은 다루었다. 한 번은 그리스도가 미래를 걱정하지 않고 운명을 순순히 따르는 백합과 새를 본받으라고 말씀하시는 대목이다. 다른 한 번은 신께서 비와 햇살을 차별 없이 고루 뿌려 주심을 관조하고 본받으라고 하시는 부분이다.

르네상스는 그리스도교를 무시하고 고대 문명과 정신적 유대를 맺으려 했으나 결국 고대 문명에서 영감의 부차적 산물, 예술, 과학, 인간적인 것들에 대한 호기심밖에 얻지 못했다. 르네상스는 고대의 중심에 있는 영감을 겨우 스치고 말았을 뿐이다. 르네상스는 세상의 아름다움과 조우하지 못했다.

11세기와 12세기에는 만약 결실을 거두었다면 참다운 르네상스가 되었을 최초의 태동이 있었다. 그 태동은 특히 랑그독 지방에서 일어났다. 봄을 노래한 트루바두르[4]들의 몇몇 시구는 그리스도교적 영감과 세상의 아름다움에 대한 사랑이 아마도 떼려야 뗄 수 없는 것이었으리라 짐작케 한다. 게다가 옥시탕 문화[5]의 정신은 이탈리아에 그 흔적을 남겼고 아마도 성 프란체스코의 영감과도 무관하지 않았을 것이다. 그러나 우연의 일치인지, 아니면 좀 더 그럴듯한 인과관계가 있는지, 그 싹들은 알비파 전쟁 이후 더러 유물로만 남았을 뿐, 어디서도 살아남지 못했다.

현재 백인은 세상의 아름다움에 대한 감성을 거의 다 잃었고 자기네 무기와 장사와 종교를 세상 모든 대륙에 끌어들여 그러한 아름다움을 멸절시키는 데 전념한다고 말할 수 있겠다. 그리스도께서 바리사이파에게 말씀하신 대로다. "불행하여라, 너희 율법 교사들아! 너희가 지식의 열쇠를 치워 버리고서, 너희 자신들도 들어가지 않고 또 들어가려는 이들도 막아 버렸기 때문이다."

그러나 이 시대 백인 국가에서 세상의 아름다움은 신이 들어오실 여지를 남기는 거의 유일한 길이다. 우리가 다른 두 길에서는 더 멀리 있기 때문이다. 종교적 의례에 대한 진정한 사랑과 존중은 열심히 믿는다는 자들 사이에서도 드물다. 대부분은 그럴 수 있으리라는 생각조차 못 하고 있다. 불행의 초자연적인 효용에 관해서 보자면, 연민과 감사가 드물 뿐 아니라 오늘날 거의 모두에게 이해할 수 없는 것이 되었다. 연민과 감사에 대한 생각조차 사라진 거나 다름없다. 이 말들의 의미조차 저열해졌다.

---

4. 중세 남부 프랑스의 음유시인들.
5. 오크어 사용을 중심으로 하는 랑그독 지방 일대의 토착 문화.

그러나 아름다움에 대한 감정은 훼손되고 왜곡되고 더럽혀질지언정 인간의 마음에 강력한 동기로 남을 수밖에 없다. 그 감정은 세속적 삶의 모든 관심사 안에 현존한다. 그 감정이 참되고 순수해지면 세속적 삶 전체를 뚝 떼어다 신의 발치로 옮겨 놓을 것이요, 믿음의 완전한 구현을 가능케 하리라.

더욱이 세상의 아름다움은 대개 가장 일반적이고 가장 수월하며 가장 자연스러운 길이다.

신께서는 영혼을 통해서 불쌍한 사람을 사랑하고 섬기고자 영혼이 자신을 열기만 하면 득달같이 그 안에 들어가신다. 마찬가지로, 신은 영혼을 통해서 당신이 지으신 세상의 감각적 아름다움을 사랑하고 찬탄하기 위해서도 영혼에 속히 들어가신다.

그러나 그 반대는 더욱더 맞는 말이다. 아름다움을 사랑하는 영혼의 천성은 신께서 위에서부터 불어오는 바람으로 영혼을 열어젖히기 위해서 가장 자주 쓰는 덫이기도 하다.

코레[6]가 바로 이 덫에 걸렸었다. 수선화의 향기는 저 높은 온 하늘과 온 땅의 미소를 자아내고 바다를 부풀어 오르게 했다. 이 딱한 아가씨는 손을 내밀기 무섭게 덫에 걸리고 말았다. 그녀는 살아 있는 신의 손아귀에 떨어졌다. 그 손아귀에서 풀려났을 때 이미 그녀는 자신을 영원히 묶어 놓게 될 석류 알을 먹은 후였다. 이제 그녀는 처녀가 아니었다. 그녀는 신의 아내였다.

---

6. 코레(korē)는 고대 그리스어로 '처녀, 아가씨'라는 뜻이다. 그리스 신화에서는 전승에 따라 페르세포네를 가리키기도 하고 하데스와 페르세포네 사이의 딸을 가리키기도 한다. 여기서는 페르세포네가 님프들과 꽃을 따다가 하데스에게 납치당하고 지하 세계의 음식(석류)을 먹은 탓에 지상으로 완전히 돌아가지 못한다는 전승을 다루고 있다.

세상의 아름다움은 미궁의 입구다. 경솔한 자가 무턱대고 들어가 걷다 보면 이내 입구를 찾을 수 없게 된다. 그는 지친 몸으로 먹지도 못하고 마시지도 못한 채, 자신이 좋아하고 잘 아는 모든 것, 모든 지인들과 동떨어져 어둠 속을 걷는다. 그는 아무것도 알지 못하고, 아무 소망도 없으며, 자기가 정말로 나아가고 있는지 제자리를 빙빙 도는 것인지 그것조차 모른다. 그러나 이 불운도 그를 덮칠지 모르는 위험에 비하면 아무것도 아니다. 어쨌든 용기를 잃지만 않으면, 계속 걷기만 한다면 결국 미궁의 중심에 도달한다는 사실은 확실하기 때문이다. 그곳에서 신은 그를 먹기 위해 기다리신다. 신께서 그를 먹고 소화하셨으니 그 후에 그는 변화된 모습으로, 딴 사람이 되어 그곳에서 나오리라. 그러고는 입구 옆을 지키고 서서 그곳에 다가오는 이들의 등을 다정하게 떠밀 것이다.

세상의 아름다움은 물질 자체의 속성이 아니다. 그것은 세상이 우리의 감성, 우리의 신체와 영혼의 구조에 결부된 감성과 맺는 관계다. 볼테르의 미크로메가스는 사유하는 미소(微小) 동물에 불과하기에 우리 인간이 우주에서 누리는 아름다움을 결코 접하지 못할 것이다. 미크로메가스 같은 것이 실제로 존재한다면 세상이 그들에게도 똑같이 아름다울 것이라 믿어야겠으나, 그렇더라도 그 아름다움은 우리가 누리는 아름다움과 다를 것이다. 어쨌든 세상은 모든 층위에서 아름답다고 믿어야 한다. 좀 더 일반적으로는, 실제 존재하는 모든 사유하는 존재와 가능성으로 존재하는 모든 사유하는 존재의 신체 및 심리 구조에 우주는 충만한 아름다움으로 다가온다고 하겠다. 무수히 많은 완벽한 아름다움들이 합쳐짐으로써 세상의 아름다움은 초월적 성격을 띤다. 그럼에도 이 아름다움에 대한 우리의 경험은 인간 감성에 고유하게 마련된 것이다.

세상의 아름다움은 창조에 신의 지혜가 협력한 결과다. 오르페우스교의 한 시구가 말하는 바, "제우스가 만물을 만들었고 바쿠스가 만물을 완성하였다." 여기서 완성은 아름다움을 창조했다는 뜻이다. 하느님은 우주를 만드셨고 그분의 아들, 즉 우리 형제들 가운데 맏이가 우리를 위하여 아름다움을 창조하셨다. 세상의 아름다움은 그리스도께서 물질을 통하여 우리에게 보내시는 다정한 미소다. 그분은 우주의 아름다움에 실제로 임하신다. 이 아름다움에 대한 사랑은 우리 영혼에 내려오신 신에게서 와서 우주에 현존하는 신에게로 간다. 이 사랑 또한 성사와도 같다.

이는 세상의 아름다움에 대해서만 유효한 얘기다. 하지만 신을 제외하면 온전히 적절한 의미에서 아름답다고 일컬을 만한 것은 우주 전체뿐이다. 우주 안에 존재하는 모든 것, 고로 우주보다 작은 것은 아름답다는 말을 엄밀한 의미를 벗어나서만 적용할 수 있다. 다시 말해 간접적으로 아름다움에 참여하는 것, 아름다움을 모방하는 것을 아름답다고 말해 준 것이다.

이 모든 부차적 아름다움도 보편적 아름다움으로 통하는 입구이기에 한없이 귀하다. 그러나 우리가 부차적 아름다움에서 그치면 그 아름다움이 되레 장막이 된다. 이때에는 부차적 아름다움이 부패를 낳는다. 모든 부차적 아름다움에는 이렇게 크고 작은 유혹이 도사리고 있는데 그 정도는 경우에 따라 자못 다르다.

아름다움과 완전히 이질적인 유혹의 요인도 많다. 그러나 분별 없는 사람들은 그 요인으로 인하여, 그 요인을 품은 것을 아름답다고 말하기도 한다. 그러한 요인은 사랑을 얻기 위해 사기를 친다. 누구나 자기가 사랑하는 모든 것을 아름답다 말한다. 가장 무지하고 가장 저열한 자들조차 아름다움만이 우리의 사랑을 받을 만하다는 것은 안다. 진실로 가장 위대한 자들도 그것을 안다. 아름다움을 감당하지 못할 인간은 아무도 없다. 저 위의 것이 아닌 아름다움을 드러내는 말은 누구의 입술에서든, 자기가 사랑하는 것을 찬양하고 싶어 하는 입술이기만 하면 나올 수 있다. 다만 아름다움을 분별하는 정도의 차이가 있을 뿐이다.

아름다움은 지상에서 유일하게 그 자체로 합목적이다. 칸트가 잘 말해 주었듯이 아름다움은 어떤 목적도 내포하지 않는 합목적성이다. 아름다운 것은 우리에게 보이는 그대로 그 전체성 속에 자기 자신 외에는 어떤 선도 내포하지 않는다. 우리는 아무것도 바라지 않고 아름다운 것에게 다가간다. 아름다움은 우리에게 자신의 실존을 제공한다. 우리도 다른 것을 바라지 않고 아름다움을 소유하지만, 그럼에도 불구하고 여전히 욕망한다. 우리가 무엇을 욕망하는지도 모르면서 말이다. 우리는 아름다움의 이면으로 가고 싶어 하나 아름다움은 표면일 뿐이다. 아름다움은 선을 향한 우리 자신의 갈망을 비추어 주는 거울 같다. 아름다움은 스핑크스, 수수께끼, 괴로우리만치 성가신 불가사의다. 우리는 아름다움을 양식으로 삼고 싶어 하나 그것은 시선의 대상일 뿐이요, 어느 정도 거리를 두고서만 나타난다. 보는 것과 먹는 것이 별개의 활동이라는 것이 인생의 큰 괴로움이다. 오직 저 하늘 너머, 신이 거하시는 나라에서만 그 두 활동이 동일한 하나일 것이다. 아이들만 해도 케이크가 먹기 아까워 한참 구경만 하다가 더는 못 참고 먹어 치우면서 그 같은 괴로움을 느낀다. 악덕, 타락, 죄의 본질에는 거의 항상, 아니 어김없이 항상 아름다움을 먹어 치우고 싶은 유혹, 보기만 해야 할 것을 먹고 싶은 유혹이 있다. 이브가 그 시초였다. 이브가 과실을 따 먹고 인간다움을 잃었다면 그 반대의 태도,

즉 과실을 먹지 않고 바라보기만 하는 태도는 분명 구원의 길이었을 것이다. 《우파니샤드》에는 "날개 있는 두 동무, 두 마리 새가 어느 나뭇가지에 앉았다. 한 마리는 열매를 먹고 다른 한 마리는 바라본다."라는 대목이 있다. 이 두 마리 새가 우리 영혼의 두 부분이다.

아름다움은 아무 목적이 없기에 지상에서 유일한 합목적성이 된다. 지상에는 아무런 목적이 없다. 우리가 목적으로 삼는 것이 실상은 전부 수단이다. 이것은 자명한 진리다. 돈은 구매의 수단이고 권력은 명령의 수단이다. 우리가 좋다고 일컫는 모든 것이 명백함의 정도가 다를 뿐 다 그러하다.

아름다움만은 다른 것을 위한 수단이 아니다. 오직 아름다움만이 그 자체로 선하나 그 안에서 어떤 선을 찾을 수는 없다. 아름다움 그 자체는 선이 아니라 흡사 어떤 약속 같다. 그러나 아름다움은 자기 자신만을 줄 뿐, 다른 것을 주지 않는다.

아르파공[7] 같은 수전노는 세상의 모든 아름다움이 황금에 있다고 본다. 황금은 순수하고 반짝거리기 때문에 실제로 아름다운 데가 있다. 금이 화폐로 쓰이지 않게 되면서부터 이런 유의 탐욕이 사라지게 된 것처럼 보인다. 오늘날 쓰지 않고 모으기만 하는 사람들은 권력을 추구한다.

부를 추구하는 사람들은 대부분 부에 사치를 관련시켜 생각한다. 사치는 부의 궁극 목적이다. 그리고 어떤 족속에게는 사치가 아름다움 자체이기도 하다. 사치는 그 안에서만큼은 막연하게나마 세상이 아름답다고 느낄 수 있는 주변 환경을 제공한다. 성 프란체스코도 우주의 아름다움을 느끼기 위해서 떠돌이 거지 생활을 해야만 했다. 양쪽 수단 모두 세상의

---

7. 몰리에르의 희곡에 등장하는 인물로서 수전노의 대명사로 통한다.

아름다움을 직접적으로 순수하고 충만하게 느끼게 한다면 똑같이 타당할 것이다. 그러나 다행스럽게도 신의 뜻은 그렇지 않았다. 청빈에는 특혜가 있다. 그러한 신의 섭리가 없으면 세상의 아름다움에 대한 사랑은 쉽사리 이웃 사랑과 모순을 일으키고 말 것이다. 그럼에도 불구하고 가난에 대한 공포는 — 부가 줄어들거나 심지어 부를 늘리지 못하고 현상 유지하는 것조차도 가난처럼 느낄 수 있는데 — 본질적으로 추함에 대한 공포다. 막연하게나마, 기만을 통해서라도, 세상의 아름다움을 전혀 느낄 수 없는 상황에 처한 영혼은 그 중심까지 일종의 공포에 잠식당한다.

권력에 대한 사랑은 주위의 사람들과 사물들 사이에 큰 규모로든 작은 규모로든 질서를 수립하고자 하는 욕망에 해당한다. 질서는 아름다움을 느끼게 한다는 결과를 놓고 보면 바람직하다. 사치의 경우처럼 이 경우도 유한한 환경에 보편적 아름다움의 인상을 주는 배열을 가하는 것인데, 사람들은 대개 이 유한한 환경을 자꾸 확장하고 싶어 한다. 불만족이나 확장욕도 보편적 아름다움을 접하려는 바람에서 비롯되지만 우리가 조직하는 환경은 우주가 아니다. 그 환경이 우주가 아니며 되레 우주를 숨긴다. 우리를 둘러싼 우주는 극장의 무대 세트와 같다.

발레리는 그의 시 〈세미라미스(Sémiramis)〉를 통해서 폭정과 아름다움에 대한 사랑의 관계를 여실히 드러냈다. 루이 14세는 권력을 확장하는 장치로서의 전쟁 아니면 파티와 건축에만 열중했다. 게다가 전쟁, 특히 그 옛날의 전쟁은 아름다움에 대한 인간의 감성을 꽤나 생생하고 강렬하게 자극했다.

예술은 온 우주의 무한한 아름다움을 인간이 형태를 빚어내는 유한한 양의 물질로 옮기려는 시도다. 이 시도가 성공하면 그 유한한 양의 물질은 우주를 감추지 않고 되레 우리를 둘러싼 우주의 실재성을 드러낸다.

세상의 아름다움을 제대로 순수하게 반영하지 않은 예술 작품, 그 아름다움과 직접 통하지 않는 예술 작품은 엄밀히 말해 아름답지 않다. 그런 작품은 일급이 아니다. 그런 작품을 만든 자들도 재주가 제법 있을 수는 있으나 진정한 천재는 아니다. 더없이 유명하고 널리 칭송받았던 작품들의 상당수가 그렇다. 모든 진정한 예술가는 세상의 아름다움과 실질적이고 직접적인 접촉, 마치 성사와도 같은 접촉을 거친다. 모든 일급 예술 작품은 그 주제가 아무리 세속적이어도 신의 영감을 받는다. 신은 그 외의 것에는 결코 영감을 주지 않는다. 그 외의 것 중 일부에서 번득이는 아름다움은 분명 악마의 광채일 것이다.

과학은 세상의 질서를 연구하고 이론적으로 재구성하는 것을 목표로 삼는다. 인간의 정신적, 심리적, 신체적 구조와 관련된 세상의 질서 말이다. 일부 학자들의 안이한 착각과는 정반대로, 망원경이나 현미경을 사용하고 더없이 독창적인 대수 공식을 동원하고 심지어 모순율을 멸시한다 해도 이 구조의 한계를 벗어날 수는 없다. 게다가 그러한 탈피가 바람직하지도 않다. 과학의 대상은 우리 형제가 되신 지혜의 현존, 세계를 이루는 물질을 통해서 현존하는 그리스도의 현존이다.

우리는 제한되고 엄밀히 규정된 가산적(可算的) 조건들을 바탕으로 세계의 질서를 이미지로서 구축한다. 이 추상적이면서 인간이 조작 가능한 항(恒)들을 두고 이런저런 관계를 생각해 내어 연관을 짓는 것이다. 우리는 이런 식으로 존재 자체가 우리 주의력의 작용에 달려 있는 이미지를 통하여 필연을 관조한다. 필연은 우주의 실체 자체지만 이렇게 간헐적으로만 우리에게 나타난다.

일말의 사랑도 없다면 관조할 수도 없다. 세상의 질서의 이미지를 관조하는 것은 세상의 아름다움과의 모종의 접촉이다. 세상의 아름다움은 사랑받는 세상의 질서다.

육체노동은 세상의 아름다움과 특별한 접촉을 하는 행위다. 최고의 순간들에는 육체노동을 제외한 다른 곳에서 결코 찾을 수 없는 충일한 접촉이 여기에 있다. 예술가, 학자, 사상가, 관조자는 이 비현실의 막을 뚫고 나온 우주에 진심으로 찬탄해야 한다. 그 막이 우주를 가리고 있기 때문에 사람들은 대개 우주를 한낱 꿈 혹은 극장의 무대 세트처럼 여기며 생애의 대부분을 살아간다. 그들은 우주에 찬탄해야 하나 그러지 못할 때가 많다. 하루 종일 고되게 일하느라 팔다리에 힘이 하나도 없는 사람, 요컨대 물질에 종속되는 하루를 보낸 자에게는 우주의 실재성이 자기 몸에 박힌 가시처럼 아프기만 하다. 그에게는 바라보고 사랑하는 일이 어렵다. 하지만 그렇게 할 수만 있다면 그는 다름 아닌 현실을 사랑하는 것이다.

이것이 하느님께서 가난한 자들에게 남겨 두신 막대한 특혜다. 그러나 가난한 자들은 그 특혜를 거의 알지 못한다. 그들은 그런 얘기를 듣지 못했다. 과로, 지긋지긋한 돈 걱정, 진정한 교양의 결핍 때문에 가난한 자들은 깨닫지 못한다. 그들이 처한 조건이 조금만 바뀌어도 보물로 다가가는 길은 열리고 남을 것이다. 다른 이들에게 어렵잖게 보물을 안겨 줄 수 있는 기회들이 얼마나 많은지, 어떻게 그런 수고를 들이는 법 없이 수백 년을 흘려보냈는지 생각하면 가슴이 미어진다.

오늘날 민속이라는 이름으로 박물관 소장품이 될 만한 민중 문명의 부스러기들을 모으고 있지만 아마도 그러한 문명이 존재했던 시기에는 민중이 그 보물과 가까웠을 것이다. 민속과 흡사한 데가 많은 신화도 거기에 깃든 시정(詩情)을 풀이해 보면 이 사실을 증명할 근거가 된다.

정식 혼인이나 플라토닉 러브처럼 가장 고상한 형태에서부터 음란한 난봉처럼 아주 저열한 형태에 이르기까지 모든 육체적 사랑은 세상의 아름다움을 겨냥한다. 사람이라면 누구나 하늘, 평원, 바다, 산의 장관을 사랑하는 마음, 미세한 소리들에서 새삼 느끼게 되는 자연의 침묵, 바람의 숨결, 따뜻한 햇살을 사랑하는 마음을 한 번쯤 막연하게라도 품는다. 그 사랑은 응답 없는 물질을 향한 것이기에 불완전하고 고통스럽다. 인간은 그 사랑을 자신과 같은 인간, 사랑에 반응하고 동의를 표하고 자신을 내어 줄 수 있는 존재에게로 돌리고 싶어 한다. 때때로 어떤 이의 모습에서 아름다움을 느낌으로써 이 같은 전이가 최소한 허상적으로나마 이루어지기도 한다. 그러나 이때에도 욕망이 겨냥하는 대상은 세상의 아름다움, 보편적 아름다움이다.

아주 오래되고 상투적인 시적 은유와 비유에서부터 프루스트의 정묘한 분석에 이르기까지, 사랑을 다루는 모든 문학이 이런 유의 전이를 표현한다.

인간을 통하여 세상의 아름다움을 사랑하고 싶은 욕망은 본질적으로 강생(Incarnation)의 욕망이다. 그 욕망이 다른 것이라고 생각한다면 오산이다. 오직 강생만이 그 욕망을 만족시킬 수 있다. 그러므로 신비주의자들이 연애의 언어를 구사한다고 책망하는 자들은 단단히 실수하는 것이다. 신비주의자들이야말로 그러한 언어의 정당한 소유권자들이다. 다른 이들은 빌려 쓸 권리밖에 가지고 있지 않다.

모든 영역에서의 육체적 사랑이 정도의 차이가 있을 뿐 모두 아름다움으로 나아간다면 — 겉으로 보기에는 예외가 있을 것 같지만 그렇지 않다 — 그 이유는 사람 안의 아름다움이 그를 상상 속에서만큼은 세상의 질서와 대등하게 만들기 때문이다.

바로 그렇기 때문에 육체적 사랑의 영역에서 범하는 죄는 중죄다. 영혼이 무의식적으로 신을 찾는 중에 있으니 그 죄는 곧 신에 대한 공격이다. 게다가 그러한 죄는 결국 전부 상대의 동의를 생략하고 싶어 하는 죄로 귀착된다. 동의를 구하고자 하지 않는 것은 사람의 모든 죄 가운데 단연 가장 흉악한 죄다. 상대에게서 신과 대등한 존재를 찾는 자가, 비록 자신은 알지 못하나, 상대의 동의를 존중하지 않는다면 이보다 끔찍한 일이 있을까?

영혼의 낮은 부분이나 피상적 부분에서 나온 동의에 만족하는 것도 덜 무거운 죄이기는 하나 어쨌든 죄는 죄다. 육체적 결합이 있든 없든, 두 사람 모두 영혼의 중심에서 동의가 나오지 않았다면 그들이 주고받는 사랑은 부당하다. 영혼의 중심에서 우러난 동의는 영원할 수밖에 없다. 요즘은 혼인의 의무를 사회적 관습으로만 여기지만, 사실 그 의무는 육체적 사랑과 아름다움의 밀접한 관계에 따라 인간 사유의 본성에 아로새겨져 있다. 아름다움과 모종의 관계가 있는 모든 것은 시간의 흐름에서 떨어져 나와야 한다. 아름다움은 지상에서의 영원이다.

인간이 종종 유혹에서 자기가 저항할 수 없는 절대성을 감지하는 것도 당연하다. 분명 여기에는 절대성이 있다. 그러나 절대성이 쾌락에 있다고 믿는다면 실수한 것이다.

이 실수는 인간 사고의 주요한 메커니즘, 즉 상상력이 일으킨 전이에서 비롯된다. 욥이 말하기를, 죽어 가는 종은 주인의 목소리 때문에 자기가 아픈 줄 알고 그 목소리를 듣지 않으려 한다고 했다. 너무나도 맞는 말이다.

주인의 목소리는 종에게 심히 아팠다. 그러나 그가 착각한 것이다. 목소리 자체는 고통스러울 것이 없다. 만약 그가 종이 아니라면 주인의 목소리가 전혀 아프게 다가오지 않을 것이다. 그러나 종이기 때문에 그 음성을 들으면 채찍질의 가혹함과 고통이 영혼 깊숙이 들어온다. 종은 이 침투를 막을 수 없다. 불행이 이 연관성을 형성해 놓았기 때문이다.

마찬가지로, 쾌락에 지배받는다 생각하는 인간은 사실 그가 쾌락에 옮겨다 놓은 절대성에 지배받는 것이다. 이 절대성과 쾌락의 관계는 채찍질과 주인의 음성의 관계와 같다. 그러나 이때의 연관성은 불행이 맺어 놓은 것이 아니라 본래의 죄, 즉 우상숭배라는 죄의 결과다. 성 바울로는 악덕과 우상숭배의 유사성을 지적한 바 있다.

절대성을 쾌락에 옮겨 놓은 자는 쾌락에 지배받지 않을 도리가 없다. 인간은 절대성을 상대로 싸울 수 없다. 절대성을 쾌락 밖으로 옮길 수 있었던 자는 완전한 절제에 도달한다.

다양한 종류의 악덕, 마약의 사용(이 단어의 문자 그대로의 의미 혹은 비유적인 의미에서), 이 모든 것은 세상의 아름다움을 느끼는 상태를 추구한다. 그런데 바로 이 특별한 상태를 추구한다는 그 자체가 과오다. 거짓 신비주의는 이 과오의 또 다른 형태다. 영혼 깊숙이 파고드는 과오에는 당해 낼 사람이 없다.

일반적으로 가장 죄스러운 것부터 가장 무구한 것까지, 가장 평범한 것부터 가장 독특한 것까지, 인간의 모든 취향은 그를 둘러싼 상황 일체, 그가 세상의 아름다움에 다가갔다고 생각하는 환경과 관계가 있다. 특정한 상황 일체가 개인의 기질, 과거 삶의 흔적, 대체로 파악하기 어려운 원인에 따라서 특권을 누린다.

감각적 쾌락의 매혹이 아름다움과의 접촉이 지니는 매혹과 일치하지 않는 경우는 하나뿐이지만, 그 경우가 드물지는 않다. 바로 감각적 쾌락이 되레 아름다움으로부터의 도피가 되는 경우다.

영혼은 세상의 아름다움과의 접촉, 혹은 좀 더 고양된 수준에서 신과의 접촉만을 추구한다. 그러나 영혼은 접촉을 추구하는 동시에 회피하기도 한다. 영혼이 도망칠 때에는 추악함이 싫어서 피하든가, 아니면 정말로 순수한 것과의 접촉을 회피하든가 둘 중 하나다. 모든 비루한 것은 빛을 피하기 때문이다. 그리고 완벽에 근접한 영혼을 제외한다면 모든 영혼은 비루한 부분이 꽤 크다. 순수한 미, 순수한 선이 조금이라도 나타날 때마다 그 비루한 부분은 공황 상태에 빠진다. 그 부분은 육체를 방패막 삼아 뒤에 숨는다. 호전적인 나라가 정복 사업에 성공하려면 자기네들의 침략에 어떤 구실이든 꼭 뒤집어 씌워야 한다. 게다가 그 구실의 특성은 뭐가 됐든 상관없다. 그와 마찬가지로 영혼의 비루한 부분은 빛을 피할 가벼운 구실이 필요하다. 쾌락이 지닌 매력이나 고통에 대한 두려움이 이 구실을 제공해 준다. 여기서도 결국은 쾌락이 아니라 절대성이 영혼을 지배하게 된다. 단, 이때의 절대성은 끌리는 대상이 아니라 밀어내고 싶은 대상으로서 작용한다. 육체적 쾌락의 추구에 순수한 아름다움으로 달려가는 움직임과 그 아름다움에서 멀리 도망가려는 움직임이 구분하기 어렵게 얽히고 설켜 있는 경우도 꽤 많다.

사람이 무엇에 마음을 쓰든지 거기에는 항상 왜곡되거나 더럽혀진 이미지로 감지될지언정 세상의 아름다움에 대한 관심이 결코 없을 수 없다. 그러므로 인생에는 자연의 영역에 해당하는 부분이 없다. 초자연은 구석구석 은밀히 존재한다. 은총과 대죄가 오만 가지 다양한 모습으로 천지 사방에 존재한다.

　이처럼 부분적이고 무의식적이며 때로는 죄악되게 아름다움을 추구하는 자세와 하느님 사이를 유일하게 매개하는 것이 세상의 아름다움이다. 그리스도교는 스토아 사상, 즉 세계라는 도시국가, 우주라는 지상의 조국을 경애하는 마음과 결합하지 않는 한 제대로 구현되지 못할 것이다. 지금으로서는 이해하기 힘든 오해 때문에 그리스도교는 스토아주의와 멀어졌고, 그때부터 그리도교는 추상적으로 동떨어져 존속할 수밖에 없었다.

　아름다움에 대한 추구가 이루어 낸 가장 드높은 성취, 가령 예술과 학문에서의 성취도 정말로 아름답지는 않다. 유일하게 실재하는 아름다움, 신의 실재에 해당하는 단 하나의 아름다움은 우주의 아름다움이다. 우주보다 작은 것은 그 무엇도 아름답지 않다.

　완벽하다 일컬을 만한 예술 작품이 있다면 우주는 바로 그 작품처럼 아름다울 것이다. 또한 우주는 어떤 목적이나 선에 해당하는 것을 전혀 포함하지 않는다. 우주에 보편적 아름다움 그 자체 외의 합목적성은 없다. 합목적성이 전혀 없음, 이것이야말로 우주와 관련하여 꼭 알아야 할 진리다. 기만이나 오류 때문이라면 모를까, 우주에는 결코 합목적적 관계가 적용될 수 없다.

　어느 시에서 특정 단어가 왜 꼭 그 자리에 와야 하는지 물었을 때 그에 대한 답변이 존재한다면, 그 시는 일급이 아니든가 독자가 시를 전혀 이해하지 못한 것이다. 단어가 어떤 관념을 표현하기 위해서, 혹은 문법적 연결을 위해서, 각운이나 두운을 맞추기 위해서, 행을 채우기 위해서, 특정한 분위기를 내기 위해서, 혹은 비슷한 이유를 들어 그 자리에 온다고 정당하게 말할 수 있다면, 작시법상의 미학적 효과를 추구했을 뿐 진정한 영감은 없는 것이다. 정말로 아름다운 시에는 단어가 그 자리에 있는 것이 합당하기에 거기에 있다는 답변밖에 존재하지 않는다. 단어가 거기 있으니 시가 아름답더라, 이것이 그 합당함의 증거다. 시가 아름답다는 것, 이는 독자가 그 시가 다른 모습이기를 바라지 않는다는 뜻이다.

예술은 이런 식으로 세상의 아름다움을 모방한다. 만물과 존재와 사건의 합당함은 오직 여기에, 그것들이 이미 존재하고 우리가 그것들이 부재하거나 다른 모습이기를 바라지 않는다는 데 있다. 그러한 바람은 우주라는 우리의 조국에 대한 불경이요, 스토아적인 우주애를 저버리는 행위다. 인간은 그러한 사랑이 실제로 가능한 존재요, 그 가능성을 우리는 세상의 아름다움이라고 부른다.

"어째서 다른 것들이 아니라 바로 이것들일까?"라는 보마르셰[8]의 의문에는 답이 없다. 우주에 합목적성 따위는 없기 때문이다. 합목적성의 부재, 이는 곧 필연의 지배다. 사물에는 원인이 있을 뿐, 목적이 없다. 신의 섭리에서 개별적 의도들을 가려낼 수 있다고 믿는 자들은 아름다운 시를 희생시키면서까지 자구(字句) 해석에 매달리는 선생들과 흡사하다.

예술에서 이 필연의 지배에 해당하는 것이 물질(소재)의 저항과 추상적 규칙들이다. 시인이 운을 맞추기 위해서는 연달아 떠오르는 관념들과 상관없는 방향에서 단어들을 선택해야 한다. 운율이 시에서 담당하는 기능은 인생에서 불행이 담당하는 기능과 흡사하다. 불행은 합목적성 따위는 없다는 것을 온 영혼으로 깨닫지 않을 수 없게 한다.

---

8. Pierre Augustin Caron de Beaumarchais(1732~1799). 《피가로의 결혼》, 《세비야의 이발사》를 쓴 프랑스의 극작가.

사랑으로 향하는 영혼은 금속처럼 단단하고 차가운 필연을 관조하고 제 몸으로 끌어안을수록 세상의 아름다움에 가까워진다. 욥은 이를 경험했다. 욥은 고통 속에서도 참으로 정직했기 때문에, 진리를 변질시킬 수 있는 생각은 아무것도 받아들이지 않았기 때문에 신이 그에게 임하시어 세상의 아름다움을 밝히 드러내셨다.

합목적성의 부재, 의도의 부재는 그리스도께서 햇살과 비가 의인과 악인에게 차별 없이 내린다고 하시면서 우리에게 바라보라 명하신 세상의 아름다움의 요체다. 문득 프로메테우스의 마지막 절규가 떠오른다. "하늘에서 모든 이를 위하여 하나의 태양이 도는구나." 그리스도는 우리에게 이 아름다움을 모방하라 권하신다. 플라톤도 《티마이오스》에서 관조에 힘써 세상의 아름다움을 닮으라고, 밤과 낮, 달과 계절과 해가 오가는 순환의 조화를 닮으라고 권면하였다. 이러한 순환들에도, 또한 여러 순환들의 조합에도 합목적성과 의도가 없음은 명백하다. 여기서 순수한 아름다움이 빛을 발한다.

우주는 우리에게 사랑받을 수 있고 아름답기에 일종의 조국, 지상에서의 유일한 조국이다. 이 생각은 스토아주의자들의 지혜의 정수였다. 우리에게는 천상의 조국이 있다. 그러나 어떤 면에서 그 나라는 우리가 잘 모르기 때문에 사랑하기가 몹시 힘들다. 무엇보다, 어떤 면에서는 우리 마음대로 그 나라를 상상할 수 있기 때문에 그 나라를 사랑하기가 너무 쉽기도 하다. 따라서 천상의 조국이라는 이름으로 허구를 사랑할 위험이 있다. 허구도 강력하게 사랑하면 덕을 수월케 하는 이점이 있으나 그 사랑은 별 가치가 없다. 지상의 조국을 사랑하자. 이 조국은 참되다. 이 조국은 사랑에도 변치 않고 굳건하다. 하느님은 이 조국을 우리에게 사랑하라고 주셨다. 하느님은 이 사랑이 어렵지만 가능한 것이 되기를 바라셨다.

지상에서 우리는 유배당하고 뿌리 뽑힌 이방인 같은 기분이 든다. 오디세우스는 잠든 사이에 선원들에게 실려 가 낯선 고장에서 눈을 뜨고는 고향 이타카 섬을 가슴이 미어지도록 그리워했다. 아테나 여신이 문득 그의 눈을 뜨게 해주니 오디세우스는 그제야 비로소 그곳이 고향임을 깨달았다. 마찬가지로, 부단히 조국을 갈망하는 사람, 칼립소가 가로막고 세이렌이 가로막아도 고향을 바라는 마음이 흐트러지지 않는 사람은 어느 날 문득 자기가 조국에 있음을 깨닫는다.

세상의 아름다움에 대한 모방, 즉 합목적성과 의도와 차별의 부재에 대한 우리의 화답은 우리의 의도를 비우고 우리 의지를 포기하는 것이다. 완전한 복종, 이는 하늘에 계신 우리 아버지께서 완전하심 같이 우리도 완전해짐이다.

인간사에서는 종이 주인에게 복종한다고 주인과 비슷해지지는 않는다. 오히려 종이 복종할수록 그와 그에게 명령을 내리는 자의 간격은 넓어진다.

그러나 인간과 신의 관계는 그렇지 않다. 이성이 있는 피조물이 절대적으로 복종한다면 그것은 피조물에게 가능한 최대치에서 전능자의 완전한 이미지가 된다.

인간에게 존재하는 신의 이미지 자체는 우리가 인격체라는 사실과 관련이 있지만 그 사실 자체는 아니다. 그것은 인격을 포기하는 능력이다. 그게 바로 복종이다.

탁월한 인간이 분유(分有, participation)에 따라 신적 존재에 가까워질 때에는 항상 그의 내면에서 익명적이고 몰인격적인 어떤 것이 드러난다. 그의 목소리는 침묵에 휩싸인다. 예술과 사상의 위대한 업적, 성인들의 위대한 행적과 말씀이 이를 명백히 보여 준다.

따라서 하느님을 비인격적 존재로 보아야 한다는 말도 어떤 의미에서는 맞다. 이런 의미에서 하느님은 자기를 포기함으로써 자기를 초월하는 위격의 신적 모범이다. 하느님을 전능자로 생각하거나 그리스도라는 이름의 사람 냄새 나는 인격으로 생각해 버리면 신에 대한 진정한 사랑에서 스스로 벗어나게 된다. 그렇기 때문에 고르게 퍼지는 햇살을 통하여 하늘에 계신 아버지의 완전함을 사랑해야만 한다. 복종이라는 이 포기의 절대적이고 신성한 모범, 그게 바로 우주를 창조하고 다스리는 원칙이요, 존재의 충만이다.

사람은 인격이기를 포기함으로써 신의 반영이 되기 때문에 사람을 불행에 빠뜨려 무기력한 물질 상태로 전락시키는 일이 그렇게나 무서운 것이다. 이미 충분히 준비된 사람들이라면 모를까, 불행에 빠진 자들은 인격이라는 특성을 빼앗기면서 인격을 포기할 가능성도 함께 빼앗긴다. 신은 우리의 자율성을 창조하시면서 우리가 사랑으로 자율성을 포기할 가능성까지 남기셨다. 같은 이유에서 인간들끼리도 그 자율성을 보존하고자 해야 한다. 완전히 복종하는 자야말로 사람들의 자유로운 선택 능력을 한없이 귀히 여긴다.

마찬가지 맥락에서 세상의 아름다움에 대한 사랑은 연민과 모순되지 않는다. 세상을 사랑한다 하여 자기 불행을 괴로워해서는 안 될 이유가 없다. 또한 다른 사람들의 불행을 괴로워하지 못할 이유도 없다. 그 사랑은 고통과 다른 차원에 있다.

세상의 아름다움에 대한 사랑은 온전히 보편적이되 자기에게 종속된 부수적 사랑을 끌고 들어온다. 그건 바로 운 나쁘게 파괴될 수도 있는 진정으로 귀한 모든 것에 대한 사랑이다. 진정으로 귀한 것들이란 세상의 아름다움으로 가는 사다리이자 입구에 해당한다. 이미 세상의 아름다움 그 자체에까지 도달한 자도 그런 것들을 덜 사랑하기는커녕 이전보다 더 큰 사랑으로 품는다.

예술과 학문의 순수하고 진정한 성취들이 여기에 속한다. 훨씬 더 넓게는, 모든 사회 계층에서 인생을 시정으로 감싸는 모든 것이 여기에 속한다. 모든 인간은 어떤 지상의 시정에 힘입어 이 땅에 뿌리를 내린다. 그 지상의 시정이란 천상의 빛의 반영이요, 다소 막연하게라도 감지되는 우주라는 조국과의 연결 고리다. 불행은 뿌리 뽑힘이다.

특히 인간의 나라들은 그 완전한 정도에 따라 백성들의 삶을 시정으로 감싼다. 그 나라들은 세상이라는 나라의 반영이자 이미지다. 게다가 이 나라들이 국가의 모양새를 취하고 점점 조국을 자처할수록 더욱더 비틀리고 더럽혀진 이미지가 된다. 그러나 물질적으로든 정신적으로든 나라를 파괴하거나 백성들을 사회적 낙오자로 내모는 일은 인간 영혼과 우주가 맺는 사랑과 시정의 관계를 끊어 버리는 격이다. 이런 일은 그들을 공포와 추악함에 강제로 처넣는다. 이보다 더 큰 범죄는 없다. 무수히 많은 그 범죄들에 우리 모두가 공모하고 있다. 이 사실을 깨달을 수만 있다면 모두들 피눈물을 흘릴 것이다.

종교적 의례에 대한 사랑

제도화된 종교에 대한 사랑은 신의 이름이 반드시 들어와 있을지라도 그 자체로는 신에 대한 암묵적 사랑이지, 명시적인 사랑이 아니다. 그 사랑이 신과의 직접적이고 즉각적인 접촉을 품고 있지 않은 까닭이다. 종교적 의례가 순수하다면 하느님은 이웃이나 세상의 아름다움에 임재하시는 것과 똑같이 거기에도 임재하신다. 다만 종교적 의례라고 해서 신이 더 임재하시지는 않는다.

종교에 대한 사랑이 영혼에서 취하는 형태는 삶의 상황에 따라서 크게 달라진다. 어떤 상황은 이 사랑이 태어나지 못하게 방해하고, 태어나더라도 충분한 힘을 갖기 전에 죽여 버린다. 어떤 사람들은 불행 속에서 본의 아니게 종교를 미워하고 멸시하는데, 그 이유는 일부 성직자들의 잔인함, 교만, 부패가 그들을 괴롭히기 때문이다. 또 어떤 이들은 어릴 때부터 반종교적인 분위기에서 성장한다. 그 같은 경우에는 신께서 긍휼히 여기사 영혼이 이웃 사랑과 세상의 아름다움에 대한 사랑만으로도, 그 사랑들이 충분히 순수하고 강력하다면, 아무리 높은 경지든 도달할 수 있다고 봐야 한다.

제도화된 종교에 대한 사랑은 보통 자기 나라의 국교(國敎) 혹은 자기가 성장한 환경의 지배적 종교를 대상으로 한다. 생을 얻으면서부터 영혼에 밴 습관 때문에 누구나 신을 모시는 의식을 생각할 때면 일단 그런 종교부터 생각한다.

염불(念佛)이라는 불교 전통에 의거하여 종교적 의례의 미덕 전체를 생각해 볼 수 있다. 부처는 구원을 바라는 마음으로 자기 이름을 외우는 모든 이를 정토(淨土)에서 자신과 같은 반열에 올려놓을 것이라 서원했다고 한다. 그 서원 때문에 부처의 이름을 외우는 행위는 실제로 영혼을 변화시키는 효력을 지닌다.

종교는 이러한 신의 약속과 다르지 않다. 모든 종교적 의례, 모든 의식,

모든 전례는 주의 이름을 음송하는 형태를 취하고, 원칙적으로 누구든 간절히 음송하는 자는 구원하는 효력을 지녀야 한다.

모든 종교는 자기 언어로 신의 이름을 소리 내어 부른다. 대개의 경우, 외국어보다는 모국어로 신의 이름을 부르는 것이 더 좋다. 예외는 있으나 영혼은 아무리 잘 아는 언어일지라도 외국어 단어를 찾는 노력을 조금이라도 기울여야만 하는 순간에는 자신을 온전히 놓아 버리지 못하기 때문이다.

빈약하고, 구사하기 까다롭고, 세계적으로 널리 쓰이지 않는 언어를 모국어로 삼은 작가는 외국어로 글을 쓰고 싶다는 유혹에 시달린다. 실제로 콘래드[9]처럼 눈부신 성공을 거둔 예도 더러 있지만 매우 드문 일이다. 예외가 있긴 하지만, 글쓰기의 언어를 바꾸면 사유와 문체의 격이 떨어진다. 작가는 자신이 선택한 언어 속에서 불편을 느끼고 보잘것없는 수준에 머문다.

영혼이 종교를 바꾼다는 것은 작가가 언어를 바꾸는 것과 같다. 모든 종교가 주의 이름을 제대로 부르기에 적합하지는 않다. 아마 어떤 종교는 매우 불완전한 중재자일 것이다. 가령 이스라엘의 종교는 실제로 매우 불완전한 중재자였기에 그리스도를 십자가에 못 박기에 이르지 않았는가. 고대 로마의 종교도 아마 종교라는 이름에 전혀 합당치 않았을 것이다.

그러나 일반적으로 종교들 간의 위계를 파악하기란 어렵다 못해 거의 불가능하거나 아예 불가능하다. 종교는 그 안에 들어가 봐야 알 수 있기 때문이다. 가톨릭 신자들은 가톨릭이 정말 그렇다고 말하지만, 사실 모든 종교가 다 그렇다. 종교는 양식이다. 결코 먹어 보지 않은 음식을 눈으로만 보고 그 맛과 영양학적 가치를 평가하기는 어렵다.

---

9. J. Conrad(1857~1924). 폴란드 출신이지만 영국에서 주로 활동하며 영어로 글을 썼다.

공감의 경이로운 힘을 통해서만 종교들을 어느 정도 비교할 수 있다. 사람들을 외부에서 잘 관찰하는 동시에 공감에 힘입어 영혼으로 잠시 그들 안에 들어갔다 나오면 그들을 웬만큼 알 수가 있다. 그와 마찬가지로, 다양한 종교를 연구할 때에는 자기가 연구하는 종교의 핵심에 잠시라도 믿음으로 들어갔다 나와야 지식에 도달한다. 여기서 말하는 믿음은 이 단어의 가장 강력한 의미로 이해해야 한다.

이런 일은 거의 일어나지 않는다. 일부는 아무런 믿음이 없고, 또 다른 이들은 오로지 한 종교만 믿고 다른 종교들에는 특이한 모양의 조가비를 잠깐 눈여겨보는 정도밖에 관심을 주지 않는다. 그리고 또 다른 이들은 막연한 종교심을 아무데나 무차별적으로 쏟으면서 자기들은 편파적이지 않다고 착각을 한다. 하지만 오히려 모든 주의력, 모든 믿음, 모든 사랑을 한 종교에 쏟아야만 각각의 다른 종교와 그 종교가 포함하는 지고한 주의력, 믿음, 사랑을 생각할 수가 있다. 우정을 맺을 수 있는 사람들만이 낯모르는 이의 팔자에도 온 마음으로 관심을 기울일 수 있는 것과 마찬가지다.

어느 영역에서든 사랑은 특수한 대상에게로 향할 때에만 현실적이다. 사랑은 유추와 전이를 통해서만 현실적이면서도 보편적인 것이 된다.

지나가는 말로 해 두자면, 수학, 과학의 여러 분과, 철학은 유추와 전이가 무엇인지를 아는 지식의 예비 단계다. 이 지식은 사랑과 직접적인 관계가 있다.

지금 유럽에서는, 아니 전 세계적으로도 비교종교학적 지식은 거의 전무하다. 그러한 지식의 가능성조차 생각하지 못하고 있다. 우리를 가로막는 편견들이 없다 해도, 그 지식을 예감하는 것 자체가 이미 어려운 일이다. 다양한 종교 생활 사이에는 눈에 보이는 차이들을 부분 부분 메워 주는 보완물과도 같은 등가성이 숨겨져 있다. 아마도 가장 날카로운 분별력으로만 그 등가성들을 엿볼 수 있을 것이다. 각각의 종교는 명시적 진리와 암묵적 진리의 독창적 조합이다. 이 종교에서 명시적으로 따르는 진리를 저 종교에서는 암묵적으로만 따른다. 진리를 암묵적으로 따르는 것이 때로는 명시적으로 따르는 것 못지않게, 아니 그 이상으로 미덕을 지닌다. 사람 마음의 비밀을 아는 자만이 신앙의 다양한 형태들이 지닌 비밀도 안다. 누가 뭐래도 그분은 그 비밀을 우리에게 누설하지 않았다.

신의 이름을 부르기에 너무 부적절하지 않은 종교적 환경에서 태어났다면, 자신의 토착적 종교를 좋은 방향으로 순수하게 사랑한다면, 신을 직접 접하고 그분의 의지 자체에 복종하기 이전에는 굳이 그 종교를 버려 마땅할 이유를 생각하기 어렵다. 신과의 만남이라는 문턱을 넘어서 그분께 복종하기 위해서만 종교를 바꾸는 것이 정당하다. 역사는 실제로 이런 일이 드물다는 것을 보여 준다. 대개의 경우, 지고의 영적 경지에 도달한 영혼은 자기가 사다리 삼았던 종교적 전통을 더욱 굳건히 사랑한다.

토착적 종교가 지나치게 불완전하거나 그 본래 고장에서 심히 부패했다면, 혹은 상황이 그 종교에 대한 사랑이 태어나지 못하게 하거나 겨우 태어난 사랑을 죽인다면, 다른 종교를 선택하는 것이 정당하다. 적어도 어떤 이들에게는 정당하고도 필요한 일이다. 그러나 모두에게 그렇지는 않다. 종교 의례가 아예 없는 환경에서 성장한 사람들의 경우도 마찬가지다.

이외의 모든 경우에는 종교를 바꾸는 것은 심히 중대한 결정이다. 다른 사람이 그러한 결정을 내리게끔 등을 떠민다면 더욱 심각한 일이다. 이런 의미에서 피정복 국가의 종교를 공식적으로 탄압하는 행위는 심각하기 그지없다.

반면, 유럽과 미국 영토에는 다양한 종교들이 존재함에도 불구하고 직접적이든 간접적이든, 얼마나 거리를 두고 있든, 당위적으로는 가톨릭이 모든 백인들의 영적 토착 환경이 되고 있다.

종교적 의례의 미덕은 완전히 순수한 것과의 접촉으로 악을 파괴하는 효과에 있다. 우주의 전적인 아름다움을 제외하면 지상의 그 무엇도 완전히 순수하지는 않다. 그리고 완벽을 향하여 상당히 나아가기 전에는 우주의 전적인 아름다움을 직접적으로 느낄 수 없다. 게다가 그 아름다움은 어떤 의미에서는 감각적으로 느낄 수 있으나 감각적인 그 무엇에도 포함되지 않는다.

종교적인 것들은 개별적으로 감각 가능하게끔 지상에 존재하면서도 완전히 순수한 것들이다. 이것들의 독자적인 존재 방식이 순수하다는 뜻은 아니다. 추한 교회, 그릇된 성가, 부패한 사제, 정신이 딴 데 팔린 신자는 얼마든지 있을 수 있다. 어떤 면에서 그건 전혀 중요하지 않다. 기하학자가 올바른 증명을 전개하면서 그리는 직선이 다소 휘었거나 원이 좀 찌그러졌어도 전혀 중요하지 않은 것과 마찬가지다. 종교적인 것들은 당위적으로, 이론적으로, 가정에 따라서, 정의상, 규약에 따라서 순수하다. 따라서 그 순수는 무조건적이다. 어떤 더러움도 거기에 미치지 못한다. 그렇기 때문에 그 순수는 완전하다. 가능한 미덕을 모두 갖추었으나 존재하지 않는다는 문제점이 있는 오를란도의 암말[10]처럼 완전하다는 얘기는 아니다. 인간의 규약은 사람들이 실제로 준수하게끔 동기를 부여하지 않으면 효과가 없다. 규약 자체는 단순한 추상이기에 실재하지 않으며 아무 작용도 하지

---

10. 《광란의 오를란도》는 이탈리아의 시인 아리오스토가 쓴 서사시 제목이다. 오를란도의 암말은 모든 장점을 갖추었으나 죽어 버린 탓에 이제는 존재하지 않는 것을 뜻한다.

않는다. 그러나 종교적인 것들을 순수케 하는 규약은 신께 비준을 받는다. 그래서 그 규약은 또한 효과적이고 위력이 있으며 스스로 어떤 작용을 한다. 종교적인 것들의 순수성은 무조건적이고 완전한 동시에 실질적이다.

이것은 실제 사태의 진리이기 때문에 논리적으로 증명하기에 적합지 않다. 이 진리는 오직 경험으로만 검증할 수 있다.

믿음과 사랑이 부족하지 않은 한, 사실 종교적인 것들의 순수성은 거의 어디서나 아름다움으로서 드러난다. 그래서 전례기도들은 놀랍도록 아름답다. 특히 우리를 위하여 그리스도께서 친히 가르쳐 주신 기도는 완벽하다. 로마네스크 건축양식, 그레고리오 성가도 마찬가지로 경이롭도록 아름답다.

그러나 그 중심에도 아름다움이 전혀 없는 그 무엇, 어떤 것으로도 순수를 드러내지 못하는 순전히 규약에 불과한 그 무엇이 있다. 그래야만 하는 까닭이다. 건축, 성가, 언어, 심지어 그리스도를 위해서 모아 놓은 말들조차 절대적 순수와는 또 다른 것이다. 지상에서 절대적 순수는 특수한 것으로서 우리의 지상적 감각에 현존한다. 그것은 규약일 수밖에 없고, 규약 외의 그 어떤 것도 아니다. 중심에 놓여 있는 이 규약, 그게 바로 성찬(聖餐)이다.

그리스도가 성찬에 실제로 임재한다는 교리의 부조리성이 곧 그 교리의 힘이다. 양식이 지니는 감동적인 상징성을 제외하면 빵 쪼가리에는 신을 향한 사유가 결부될 여지가 없다. 이처럼 신의 임재는 규약으로서의 성격이 뚜렷하다. 그리스도는 오로지 규약에 의해서만 어떤 대상에 임재할 수 있다. 바로 이 사실 때문에 그리스도의 임재는 완전하다. 하느님은 이 땅에 은밀히 임하신다. 하느님은 성찬에 실로 비밀스럽게 임하신다.

우리 사유의 어떤 부분도 그 비밀에 들어갈 수 없기 때문이다. 하여, 그분의 임재는 완전하다.

현실에 존재하지 않는 완벽한 직선과 완벽한 원에 대한 추론이 실제 기술에 적용된다고 해서 놀랄 사람은 없다. 그러나 사실 이것은 불가해하다. 성찬에 신이 실제로 임재하심은 이보다 더 놀라운 일이지만 이보다 더 불가해하지는 않다.

어떤 면에서는 기하학자가 어떤 삼각형에 동일한 두 각이 있다고 가정하듯이 그리스도께서 축성된 성체에 임하신다고 가정할 수 있다 하겠다.

축성하는 이의 영적 상태가 아니라 축성이라는 형식만이 중요한 이유는 그것이 규약, 즉 관습으로 굳어진 약속이기 때문이기 때문이다.

이것이 규약 아닌 다른 것이라면 부분적으로라도 인간적인 것이 되어 버리기 때문에 온전히 신성하지 않다. 실재하는 규약은 초자연적인 조화다. 여기서 조화라는 단어는 피타고라스적 의미로 이해해야 한다.

지상에서 완전히 순수한 것은 규약뿐이다. 그 외의 순수는 모두 다소간 불완전한 까닭이다. 규약이 실재할 수 있다는 것이야말로 신의 긍휼이 일으킨 기적이다.

염불이라는 개념도 동일한 내용을 담고 있다. 이름 또한 일종의 규약이기 때문이다. 그러나 인간의 생각은 사물과 이름을 혼동하는 습관이 있기 때문에 그 점을 쉽게 잊는다. 성찬은 더 높은 차원의 규약이다.

그리스도가 인간의 육신으로 임재하신 것조차 완전한 순수와는 다르다. 그는 자신을 선하다 일컫는 자들을 책망하시고 "내가 떠나는 것이 너희에게 이롭다."라고 말씀하셨다. 따라서 그리스도는 축성된 빵조각에 더 완전하게 임하실 법하다. 그분의 임재는 은밀할수록 완전하다.

그러나 경찰이 그분의 육신을 범죄자의 육신으로서 체포하던 순간, 그 육신 속에서의 임재는 더욱 완전하고 더욱 은밀했다. 그러나 그때 그 육신은 모두에게 버림받았다. 그리스도의 임재는 인간이 견딜 수 없을 정도로 차고 넘쳤다.

성찬의 규약 혹은 그와 비슷한 모든 규약이 인간에게 필수불가결하다. 인간에게는 완전한 순수가 감각적으로 현존하지 않으면 안 된다. 인간은 감각적인 것에만 충만하게 주의를 기울일 수 있기 때문이다. 그리고 인간은 때때로 완전한 순수에 주의를 기울여야 한다. 오로지 그 행위만이 전이 작용을 통하여 인간 안의 악한 부분을 파괴할 수 있다. 그렇기 때문에 면병은 참으로 세상의 죄를 없애시는 하느님의 어린양이다.

모두가 자기 안의 악을 느끼고 두려워하며 떨쳐 버리기를 원한다. 우리 외부의 악은 고통과 죄라는 두 가지 구별된 모습을 띤다. 그러나 우리 자신을 생각할 때에는 그러한 구별이 추상적으로, 혹은 반성을 통해서만 나타난다. 우리 안에는 고통도 아니고 죄도 아닌, 그러면서도 동시에 그 둘이기도 한, 더러움과 괴로움이 뒤엉킨 그 무엇이 있다. 그것이 우리 안의 악이다. 그것이 우리 안의 추함이다. 그것을 느낄수록 혐오감이 커진다. 영혼은 그것을 토하듯 밀어낸다. 영혼은 일종의 전이 작용으로 그것을 주위 사물들에 옮겨 놓는다. 그러나 사물들이 추하고 더러워지면 우리가 옮겨 놓은 악이 우리 눈에도 빤히 보인다. 사물들은 그 악을 한층 불어난 모습으로 보여 줄 것이다. 이 교환 작용을 통하여 우리 안의 악은 불어난다. 그래서 우리가 있는 장소 자체, 생활환경 자체가 날이 갈수록 우리를 악에 공고히 붙들어 매는 것처럼 보인다. 이때의 불안은 끔찍하다. 영혼이 그 불안에 시달리다 못해 아예 무감각해지면 구원의 희망은 거의 없다.

이런 식으로 환자는 자기 방과 주변 환경을, 죄수는 자기 감방을, 그리고 많은 노동자는 자기 공장을 미워하고 질색한다.

이런 이들에게는 아름다운 것을 제공해 봤자 소용없다. 시간이 흐르면 결국 모든 것이 전이 작용으로 더럽혀지다 못해 끔찍해지기 때문이다.

완전한 순수만이 더럽혀지지 않을 수 있다. 그래서 영혼에 악이 엄습할 때 완전하게 순수한 것에 주의를 쏟아서 악의 일부를 그리로 옮겨도 그 순수성은 변질되지 않는다. 완전하게 순수한 것은 악을 되돌려 보내지 않는다. 그러한 주의력의 집중은 순간순간 실제로 조금씩 악을 파괴한다.

히브리인들이 번제(燔祭) 의식에서 일종의 마법을 수단 삼아 성취하고자 했던 바가 바로 이것이다. 그 성취는 오로지 완전한 순수를 통해서만 지상에서 이루어질 수 있다. 진정한 번제물은 어린양이다.

완전히 순수한 존재가 지상에 인간의 모습으로 나타난 그날, 자동적으로 그의 주위에 흩어져 있던 악의 최대치가 고통이라는 형태로 그에게 집중되었다. 당시 로마제국에서 인간사(人間事)의 가장 큰 죄악이자 가장 큰 불행은 노예제였다. 그래서 그리스도는 노예에게도 가장 극단적인 불행에 해당하는 형벌을 받았다. 이 전이가 신비로운 대속을 이룬다.

그래서 축성된 빵에 임재하는 하느님의 어린양에게 사람이 시선과 주의를 돌릴 때 그의 내면에 있는 악의 일부는 완전한 순수로 옮겨 가 파괴된다.

파괴라기보다는 변모라고 해야겠다. 완전한 순수와 접촉함으로써 고통과 죄의 분리 불가능한 결합이 풀린다. 영혼 속에 있던 악의 일부는 그 접촉의 불길에 타오르면 고통만 남는다. 사랑이 배어 있는 고통으로 변한 것이다.

마찬가지 맥락에서, 로마제국에 퍼져 있던 모든 악은 그리스도에게 집중되어 그저 고통이 되었다.

지상에 완전하고 무한한 순수가 없다면, 그저 유한한 순수밖에 없다면 그 순수는 오랜 세월 악과의 접촉으로 고갈될 것이요, 우리는 결코 구원받지 못하리라.

형법은 이 진리의 무시무시한 예를 제공한다. 원칙적으로 형법은 순수한 것, 선을 목적으로 하는 것이다. 그러나 형법은 불완전하고 유한하며 인간적인 순수다. 그래서 죄와 고통의 혼합물과 끊임없이 접촉하다 보니 그 순수성은 고갈되었다. 이제 형법은 순수성이 있어야 할 자리에 죄의 전체와 맞먹는 더러움, 개별적인 범죄자의 죄를 훨씬 뛰어넘는 더러움을 갖다 놓고 있다.

사람들은 순수의 샘물을 마시기를 등한시한다. 그러나 죄와 불행이 있는 모든 곳에 이 샘이 솟아나지 않는다면 창조는 잔인한 행위밖에 되지 않을 것이다. 만약 2000년 전보다도 이전으로 거슬러 올라가는 시대, 복음이 전파되지 않은 땅에 죄와 불행이 없었다면 그리스도와 성사를 교회의 전유물로 생각할 수도 있을 것이다. 2200년 전에는 그리스도도 없고 어떤 종류의 성사도 없었다고 생각한다면 당시에 십자가형을 받은 한 노예를 떠올리면서 어찌 하느님을 비난하지 않을 수 있겠는가? 사실, 우리는 2200년 전에 십자가형을 받은 노예들을 전혀 생각하지 않는다.

완전한 순수를 바라보는 법을 배우면 우리가 배반만 하지 않는 한 지상에서도 완전해질 수 있다는 확신에 걸림돌이 되는 것은 인생의 유한함뿐이다. 우리는 유한한 존재이고, 우리 안의 악 또한 유한하다. 우리 눈에 비치는 순수 또한 유한하다. 우리는 매번 시선으로 악을 파괴하는데,

한 번에 파괴하는 악이 아무리 적을지라도 시간을 무한히 쓸 수만 있다면 언젠가 모든 악을 파괴할 것이다. 그때에 우리는 《바가바드기타》에 나오는 눈부신 표현 그대로, 악의 종말에 도달하리라. 우리는 진리의 주를 위하여 그 악을 파괴하고 이집트 《사자의 서》가 말하듯 그분께 진리를 가져다 드릴 것이다.

오늘날 간과되는 그리스도교의 중요한 진리 중에는 시선이 구원을 낳는다는 이 진리도 속한다. 찢기고 상한 채 타락의 심연 속에 나뒹구는 사람들이 쳐다보기만 해도 구원받을 수 있도록 청동 뱀을 높이 쳐들어야 한다.

우리는 기분이 좋지 않을 때, 신성한 것들에 합당하게 영혼을 고양시킬 수 없을 것 같은 느낌이 드는 바로 그때, 완전한 순수를 바라봄으로써 최고의 효과를 얻는다. 바로 그때 악, 아니 비루함이 접촉의 불길로 태워 버리기 딱 좋게 영혼의 표면까지 떠오르기 때문이다.

그러나 이때에는 바라보는 행위가 거의 불가능하기도 하다. 영혼의 모든 비루한 부분은 육신보다 더 극심히 죽음을 두려워하므로 자기를 보호하기 위하여 거세게 저항하고 거짓을 동원한다.

그 거짓을 믿지 않을 수는 없는데도 이 거짓에 귀 기울이지 않으려는 노력, 순수를 바라보려는 노력은 매우 거세다. 하지만 그 노력은 우리가 일반적으로 말하는 노력, 이를테면 자기에 대한 강압이나 의지의 작용과 절대적으로 다르다. 이 노력을 지칭할 다른 단어가 필요하겠으나 언어에는 그런 단어가 없다.

영혼이 자기 자신을 구하려는 노력, 그것은 바라보고 귀 기울이는 노력, 약혼한 여인이 혼인 서약을 수락하는 노력과 흡사하다. 결국 집중과 동의의 행위라는 말이다. 반면, 언어가 의지라고 부르는 것은 근육을 쓰는 노력에 더 흡사하다.

의지는 영혼이 타고난 부분에 속한다. 의지를 잘 행사하는 것은 구원에 필요한 조건이지만 막연하고, 열등하며, 심히 종속적이고, 순전히 소극적인 조건이기도 하다. 농부가 몸을 써서 노력을 기울여야 잡초를 뽑을 수 있지만 어찌됐든 밀을 무럭무럭 자라게 하는 것은 햇살과 물이다. 의지는 영혼에 아무런 선을 끼치지 못한다.

의지의 노력은 오로지 엄격한 의무들을 실행하는 데에만 제몫이 있다. 엄격한 의무가 없는 곳에서는 항상 타고난 성향이나 소명, 다시 말해 신의 명령을 따라야 한다. 성향에서 나온 행위들은 분명 의지의 노력이 아니다. 그리고 하느님에 대한 복종은 인간 입장에서 완전히 수동적인 행위다. 복종에 어떤 고초가 따르든, 거기서 전개되는 활동이 어떻게 보이든, 영혼은 근육을 쓰는 노력 비슷한 것을 전혀 하지 않는다. 영혼은 그저 고통과 기쁨 속에서 기다리고, 집중하고, 침묵하고, 꼼짝하지 않을 뿐이다. 그리스도의 십자가형은 모든 복종 행위의 모범이다.

《바가바드기타》와 노자 사상은 이런 유의 지고한 수동적 행위를 완벽하게 기술했다. 여기에도 상반된 것들의 초자연적 일체성, 피타고라스적인 의미에서의 조화가 있다.

선을 향한 의지의 노력은 우리 자신의 비루한 부분이 파괴당할지도 모른다는 두려움 때문에 토해 내는 거짓이다. 그 노력은 영혼의 비루한 부분을 조금도 위협하지 못하고 그 부분이 누리는 안락을 조금도 침해하지 못한다. 아무리 힘들고 고통스럽게 노력을 쏟아 봤자 그 점은 마찬가지다. 우리 자신의 비루한 부분은 죽임 당할까 봐 두려워하지, 피로나 고통은 두려워하지 않는다.

두 발을 모으고 뛰는 연습을 매일매일 하면서 조금씩 더 높이 뛰게 되면 언젠가 땅에 떨어지지 않고 하늘로 날아오르게 될 거라고 착각하는 사람처럼, 그런 식으로 영혼을 고양하려 드는 사람들이 있다. 그런 생각에 사로잡혀 있으면 하늘을 바라볼 수 없다. 우리는 하늘을 향해서는 한 발짝도 내딛지 못한다. 수직 방향은 우리에게 금지되었다. 신이 내려와 우리를 데려가신다. 신은 우리를 쉽게 데려가신다. 아이스킬로스가 "신성한 것은 힘들이지 않는다"고 하지 않았는가. 구원은 쉬운 것이지만 인간 입장에서는 온갖 노력보다도 어렵다.

그림 형제의 동화에는 거인과 꼬마 재봉사가 힘을 겨루는 이야기가 있다. 거인은 돌을 아주 높이 던졌기 때문에 한참이 지나서야 땅에 떨어졌다. 꼬마 재봉사는 절대 땅에 떨어질 일 없는 새를 날려 보냈다. 날개가 없는 것은 결국 추락하게 마련이다.

의지로는 결코 구원을 얻을 수 없기에 세속적인 도덕 개념은 부조리하다. 이른바 도덕은 의지에만 호소하기 때문에, 말하자면 근육을 좀 더 쓴다는 얘기밖에 되지 않기 때문에 그렇다. 반면에 종교는 욕망에 부응하는데, 바로 그 욕망이 인간을 구원한다.

로마에서 희화적으로 해석된 스토아주의도 근육을 쓰는 의지에 호소한다. 그러나 진짜 스토아주의, 그리스 스토아주의는 오로지 욕망, 신앙, 사랑이다. 성 요한, 그리고 어쩌면 그리스도조차도, 이 사상에서 '로고스'(logos, 말씀, 이성)와 '프네우마'(pneuma, 영) 개념을 빌려 왔다. 이 스토아주의에는 겸손이 가득하다.

오늘날의 그리스도교는 여러 다른 점에서도 그렇지만 이 점에서도 자신의 적들에게 오염됐다. 신을 찾는다는 은유는 근육을 쓰는 식의 의지적 노력을 연상시킨다. 파스칼이 이러한 은유가 널리 퍼지는 데 공헌한 것은 사실이다. 그는 몇 가지 오류를 범했는데 특히 신앙과 자기암시를 얼마간 혼동한 오류가 크다.

신화와 민간전승의 주요 이미지들도 그렇고, 복음서의 비유들도 그렇고, 인간이 신을 찾는 것이 아니라 신이 인간을 찾는다. "저를 찾느라 기진하셨나이다."(Quaerens me sedisti Lassus)[11] 복음서 어느 부분에서도 인간의 추구는 문제가 되지 않았다. 인간은 등을 떠밀리거나 분명히 부름을 받지 않으면 한 발짝도 내딛지 않는다. 장차 신부가 될 여인의 역할은 기다리는 것이다. 좋은 주인이 잔치에 가 있는 동안 기다리면서 잘 지키고 있어야 한다. 나그네는 혼인 잔치에 초대받지 않으며 초대를 바라지도 않는다. 그는 어쩌다 우연히 잔치에 들른 셈이다. 그의 역할은 그냥 잔치에 어울리는 옷차림을 하는 것뿐이다. 밭에서 진주를 발견한 사람은 온 재산을 팔아서 그 밭을 산다. 그는 삽으로 밭을 갈아엎어 진주를 캐낼 필요가 없으며 자기 재산을 다 파는 것으로 충분하다. 신을 바라고 나머지 모든 것을 포기함으로써만 구원을 받는다는 얘기다.

구원을 실현하는 태도는 그 어떤 활동과도 비슷하지 않다. 이 태도를 나타내는 그리스어 'hupomonē'(υπομονή)의 라틴어 역어로서 'patientia'는 꽤나 미흡하다. 그것은 기다림, 한없이 지속되면서 어떤 충격으로도 뒤흔들지 못하는 주의 깊고도 충실한 부동성(不動性)이다. 주인이 문을 두드리기 무섭게 열어 드리려고 귀를 쫑긋 세우고 문간을 지키는 종이야말로 이 부동성을 잘 나타낸다. 종은 그러한 태도를 바꾸느니 굶주림과 피로로

---

11. 진혼미사(Requiem)의 한 구절.

죽을 각오를 할 것이다. 동무들이 그를 부르고, 말을 걸고, 때릴 수도 있으나 그는 고개도 돌리지 않을 것이다. 누군가가 그에게 주인이 죽었다 말하더라도, 심지어 그가 그 말을 믿더라도, 그는 꿈쩍하지 않을 것이다. 주인이 그를 언짢게 여겨 돌아오는 대로 매질을 할 거라는 말을 듣더라도, 그 말을 믿더라도, 그는 꿈쩍하지 않을 것이다.

사랑에 대해서도 그렇고, 사랑의 법칙을 모방한 법칙에 따르는 지성에 있어서도 그렇고 적극적인 추구는 해롭다. 기하학 문제의 답이 떠오르기를, 라틴어나 그리스어 문장의 의미가 떠오르기를 그저 기다려야 한다. 새로운 과학적 진리, 아름다운 시구를 위해서는 더욱더 기다려야 할 이유가 있다. 나서서 찾으면 오류를 저지르고 만다. 모든 종류의 진정한 선이 다 이러하다. 사람이 해야 할 몫은 그저 선을 기다리고 악을 멀리하는 것이다. 악에 흔들리지 않기 위해서가 아니면 근육의 힘을 쓰는 노력 따위는 하지 말아야 한다. 인생은 뒤집어 보아야만 하는 법인데, 그렇게 뒤집어 보면 어느 영역에서나 진정한 덕은 적어도 겉으로 보기에는 소극적인 것이다. 그러나 선과 진리에 대한 이 기다림은 모든 추구보다 한층 더 강렬하다.

의지의 덕과 대립되는 은총 개념, 그리고 지적·예술적 노동과 대립되는 영감 개념을 제대로 파악한다면 기다림과 욕망의 효력을 이해할 수 있다.

종교적 의례는 순전히 욕망에서 힘을 얻는 집중으로 이루어진다. 그렇기 때문에 도덕은 종교적 의례를 대신할 수 없다. 그러나 영혼의 비루한 부분은 기도하는 동안, 성사에 참여하는 동안에도 자기를 보호할 수 있는 여러 가지 거짓들을 무기로 삼는다. 영혼은 시선과 완벽한 순수의 현존 사이에 장막을 치고서 약삭빠르게도 그 장막을 신이라 부른다. 그 장막은 가령 감각적 즐거움, 소망, 안락, 위안, 안심의 근원이 되는 정신 상태일 수도 있고, 이런저런 습관일 수도 있으며, 개인이나 다수의 인간일 수도 있고, 사회적 환경일 수도 있다.

종교가 우리보고 사랑하라고 하는 신의 완전함을 상상하려는 노력은 피하기 힘든 함정이다. 우리는 어떤 경우에도 우리보다 완전한 것을 도무지 상상할 수 없기 때문이다. 그런 노력은 성찬의 기적을 무용지물로 만든다.

성찬이 그 정의상 포함하는 것만을 지성이 관조하려면 모종의 수련이 필요하다. 성찬이 그 정의상 포함하는 것이 무엇인지는 도통 알 수 없지만, 플라톤의 말마따나 달리 바랄 것이 전혀 없는 뭔가가 있다는 것은 안다.

함정 중의 함정, 거의 피할 도리가 없는 함정은 사회적 함정이다. 언제 어디서나 사회적 감정은 매번 신앙의 완벽한 모방, 요컨대 완벽하게 눈속임하는 모방을 제공한다. 이 모방은 영혼의 모든 부분을 만족시킨다는 장점이 있다. 선을 욕망하는 부분은 자기가 양식을 얻는 줄 안다. 비루한 부분도 빛에 상처 받지 않는다. 영혼은 편안하기 그지없다. 그래서 모든 부분이 찬동한다. 영혼은 평화롭다. 그러나 그리스도는 당신이 평화를 주러 오신 게 아니라 말씀하셨다. 그는 검을 가지고 오셨다. 그 검은 아이스킬로스가 말했듯이 둘로 쪼개는 검이다.

신앙과 신앙에 대한 사회적 모방을 분별하기란 거의 불가능하다. 영혼에 진정한 신앙의 부분과 모방된 신앙의 부분이 공존할 수 있기 때문에 분별은 더욱더 어렵다. 그 분별은 거의 불가능하나 완전히 불가능하지는 않다.

현 상황에서 사회적 모방을 물리치는 것은 신앙의 사활이 달린 문제다.

더러움을 없애기 위해서 완전히 순수한 존재가 필요한 것은 교회만이 아니다. 사람들은 자기 더러움을 교회에 가져다 놓으러 오는데, 이건 매우 좋은 일이다. 그러나 여기에 그치지 않고 그리스도께서 수치, 비참, 죄, 불행으로 가장 더럽혀진 곳에, 가령 감옥, 법정, 빈민굴에 임하러 오신다고 보는 것이 그리스도교의 정신에는 더욱 걸맞다. 재판은 법조인, 경찰, 피고인, 방청객이 함께 바치는 기도로 시작하고 기도로 마무리되어야 할 것이다. 그리스도가 사람들이 일하는 곳, 공부하는 곳에 부재해서는 안 될 것이다. 모든 인간은 무슨 일을 하든, 어디에 있든, 하루 내내 청동 뱀을 바라볼 수 있어야 할 것이다.

또한 종교는 시선이요, 다른 그 무엇도 아님을 공식적으로 사람들 앞에서 인정해야 할 것이다. 종교가 다른 것이기를 주장하는 한, 종교는 교회 안에 갇히든가 교회 아닌 다른 곳에서 모든 것을 질식시킬 수밖에 없다. 초자연적 사랑이 영혼에서 차지하기에 합당한 자리 이외의 자리를 종교가 사회에서 차지하려 하면 안 된다. 그러나 많은 이들이 자기 안의 자비에게 영혼의 너무 큰 자리, 너무 눈에 띄는 자리를 내어 주려다가 그 자비를 되레 실추시키는 것도 사실이다. 우리 아버지는 은밀하게 계신다. 사랑에는 수줍음이 따르는 법이다. 진정한 신앙은 자기 자신에 대해서조차 대놓고 드러내지 않음을 뜻한다. 진정한 신앙은 신과 우리 사이의 비밀, 우리 자신조차 거의 끼지 못하는 비밀이다.

이웃 사랑, 세상의 아름다움에 대한 사랑, 종교에 대한 사랑은 어떤 면에서 완전히 몰인격적인 사랑이다. 그런데 종교는 사회적 환경과 관계를 맺기 때문에 종교에 대한 사랑은 자칫 인격적인 것이 되기 쉽다. 종교적 의례의 특성 자체로 이를 바로잡아야 한다. 가톨릭의 중심에는 약간의 빵이라는 형상 없는 질료가 있다. 이 한 조각 물질을 향한 사랑은 반드시 몰인격적이라야 한다. 우리가 상상하는 그리스도의 인격도 아니요, 역시 우리가 온갖 오류를 저지르며 상상하는 아버지의 신격도 아니요, 그저 물질 쪼가리가 가톨릭의 중심에 있는 것이다. 이것이 가톨릭의 가장 큰 스캔들이자 가장 경이로운 힘이다. 모든 종교적 삶의 진정한 모습에는 늘 이 몰인격성을 보장하는 무엇인가가 있다. 아직 직접적이고 인격적인 접촉에 이르지 않은 이상 신을 향한 사랑은 몰인격적이어야 한다. 그렇지 않으면 그 사랑은 상상에 불과하다. 그다음에는 그 사랑이 인격적인 동시에 더 고차원적인 의미에서는 역시 몰인격적인 것이 되어야 한다.

우정

그러나 인격적이고 인간적이면서도 순수한 사랑, 신의 사랑에 대한 예감과 반영을 포함하는 사랑이 하나 있다. 그게 바로 우정, 이 단어를 본래 의미대로 엄격하게 사용한다는 조건에서의 우정이다.

어느 한 사람에 대한 선호는 필연적으로 자비와 다르다. 자비에는 차별이 없다. 자비가 특별히 더 쏠리는 곳이 있다면 그 이유는 그저 우연한 불행에 힘입어 연민과 감사를 맞바꿀 수 있었기 때문이다. 불행이 모두에게 그 같은 교환의 계기를 마련한다는 점에서, 모든 인간은 자비를 똑같이 누릴 수 있다.

개인적 편애의 성격은 둘로 나뉜다. 타자에게서 어떤 유익을 구하든가, 그게 아니면 타자를 필요로 하든가 둘 중 하나다. 일반적으로 모든 가능한 애착은 이 두 종류로 나뉠 수 있다. 어떤 것에서 유익을 구하든가, 그것이 없으면 살 수가 없든가, 이 두 이유 중 하나 때문에 그쪽으로 끌린다는 얘기다. 때로는 이 두 동기가 일치한다. 그러나 대개의 경우는 그렇지 않다. 동기들 자체는 서로 구별되고 완전히 상호 독립적이다. 달리 먹을 것이 없으면 먹기 싫은 음식이라도 먹게 된다. 적당히 미식을 밝히는 사람은 맛있는 것을 찾긴 하지만 그런 음식이 없어도 사는 데는 지장 없다. 하지만 공기가 없으면 질식하고 만다. 공기를 얻으려 몸부림치는 이유는 어떤 유익을 구하기 위해서가 아니라 공기가 없으면 죽기 때문이다. 그러나 바닷바람을 쐬러 나가는 이유는 절박한 필요가 있어서가 아니라 바람을 쐬면 기분이 좋기 때문이다. 시간이 흐르면서 자동적으로 둘째 동기가 첫째 동기를 이어받는 경우도 많다. 이것이야말로 인간의 커다란 고통 중 하나다. 아편을 피우는 사람은 자기가 선호하는 특정 상태에 도달하기 위해서 그러한 행위를 한다. 하지만 대개 아편은 나중에 그를 괴로운 상태, 실추되었다는 느낌에 빠뜨린다. 그래도 그는 이미 아편 없이 살 수가 없다. 아르놀프는 아녜스를 그녀의 양어머니에게서 샀다.[12] 어린 계집아이를 현모양처로 잘 키워 나가면 결국 자기에게 이로운 일이 될 거라 생각했기 때문이다. 하지만 나중에 아녜스가 아르놀프에 안겨준 것은 가슴이 찢어지는 고통과 비참한 기분뿐이었다. 그런데도 그 세월 동안 아녜스에 대한 아르놀프의 애착은 살기 위해 결코 놓을 수 없는 끈이 되었기에 그는 이토록 참담한 말을 하지 않을 수 없다.

---

12. 몰리에르의 희곡 《아내 학교》의 등장인물들. 아르놀프는 가급적 순진하고 세상 물정 모르는 여자를 아내로 맞아들여야 정숙한 아내를 둘 수 있다고 생각해서 어느 농사꾼 여자가 수양딸로 기르던 아녜스를 네 살 때 얻어다가 인적 드문 수도원에 맡겨서 기른다. 그러나 장성한 아녜스는 그의 바람을 저버리고 용기 있게 사랑을 선택한다.

그러나 내 속은 내가 뒈져야만 할 것 같다 하네 …

아르파공도 재물을 좋게 보는 것에서부터 출발했다. 훗날 황금은 그에게 괴로운 강박의 대상, 그러나 없이는 도저히 살아갈 수 없는 대상이 되어 버린다. 플라톤의 말마따나 필요의 본질과 선의 본질은 크게 다르다.

어떤 사람에게서 유익을 구하는 것과 그 사람이 잘되기를 바라는 것 사이에는 아무런 모순이 없다. 그러므로 그저 유익을 구하기 위해서 어떤 이에게로 향할 때에는 우정의 조건이 충족되지 않는다. 우정은 초자연적 조화, 즉 상반된 것들의 결합이다.

어떤 사람이 웬만큼 나에게 필요할 때, 나 자신의 유익을 포기하지 않는 한 그 사람이 잘되기를 바랄 수가 없다. 필요가 있는 곳에는 속박과 지배가 있다. 내가 필요로 하는 것을 내가 소유하고 있지 않다면 타자의 처분을 따를 수밖에 없다. 모든 인간의 핵심적인 선은 자기 자신을 자유롭게 처분할 수 있는 재량이다. 그 재량을 포기한다면 우상숭배의 죄를 범하는 셈이다. 우리는 오직 신을 위해서만 그 재량을 포기할 권리가 있기 때문이다. 혹은 신을 위해서만 자신이 필요로 하는 것을 박탈당하기를 바란다 하겠다.

모든 종류의 기계론은 인간 존재들을 필요를 방불케 하는 무쇠처럼 강력한 애착으로 이어 줄 수 있다. 모성애가 곧잘 그러한 성격을 띤다. 때로는 발자크의 《고리오 영감》에서처럼 부성애도 그럴 수 있다. 《아내 학교》와 《페드르》에서 볼 수 있듯이 지극히 강렬한 육체적 사랑도 그럴 수 있다. 부부간의 사랑도 곧잘 그러한데, 이는 주로 습관의 결과다. 자녀의 사랑이나 형제간의 사랑은 이런 경우가 훨씬 드물다.

게다가 필요에도 이러저러한 정도가 있다. 잃어버렸을 때 실제로 생명 에너지가 감소하는 것은, 생명 현상에 대한 연구가 물체들의 낙하에 대한 연구만큼 진전되었을 때에 적용될 수 있을 만큼 엄격하고 정확한 의미에서, 어느 정도 필요한 것이다. 극도로 필요한 것을 빼앗기면 죽는다. 어떤 존재의 생명 에너지가 다른 존재와 애착으로 결부되어 있는 경우가 그렇다. 필요도가 그렇게까지 높지 않은 것도 박탈당하면 에너지를 상당히 잃는다. 음식을 적게 먹으면 활력이 떨어지지만 아예 아무것도 먹지 못하면 굶어 죽는다. 그렇지만 사람이 활력을 잃지 않을 정도의 식량은 필요한 것으로 간주된다.

애착 관계에서 가장 자주 나타나는 필요는 공감과 습관의 결합에서 나온다. 탐욕이나 중독의 경우가 그렇듯, 처음에는 그저 좋아서 추구하던 것이 시간이 흐르면서 꼭 충족되어야 하는 욕구로 변한다. 그러나 애착은 탐욕, 중독, 그 밖의 모든 악덕들과 달리, 유익 추구와 욕구가 얼마든지 공존할 수 있다. 또한 이 두 동기는 얼마든지 분리될 수도 있다. 타자에게 느끼는 애착이 욕구만으로 이루어진다면 참으로 잔혹한 일이다. 세상에 그만큼 무섭고 추한 일도 별로 없을 것이다. 사람이 유익을 구하다가 욕구에 매달리게 되는 상황은 늘 끔찍한 데가 있다. 사랑하는 사람이 난데없이 죽은 자의 얼굴로 나타난다든가 하는 옛날이야기들을 떠올려 보라. 사실 사람의 영혼은 이 추함에서 자기를 보호하기 위해 거짓이라는 무기를 쓸 수 있고, 실제로는 필요밖에 없는 곳에서 거짓 이점들을 상상해 낼 수 있다. 바로 그렇기 때문에 이 추함은 악이다. 추함이 거짓을 강요하는 까닭이다.

아주 일반적으로 말해서, 어떤 형태로든 심히 절박한 필요를 느낄 때, 거짓으로 충격을 완화할 수 있는 선을 넘어설 만큼 필요가 가혹할 때에는 항상 불행이 있다. 그렇기 때문에 가장 순수한 존재들이 가장 크게 불행에 노출된다. 거짓을 부풀려 자기를 보호하려는 영혼의 자동적 반응을 저지할 수 있는 사람에게는, 불행이 늘 상처이자 어떤 의미에서 실추일지언정 악은 아니다.

타자와 어느 정도 필요를 포함하는 애착 관계를 맺고 있으면서 자기 안에서나 타자에게나 자율성이 보존되기를 바라기란 불가능하다. 자연/본성의 메커니즘이 지닌 위력만 생각한다면 이는 불가능한 일이다. 그러나 초자연이 기적적으로 개입한다면 가능하다. 이 기적이 바로 우정이다.

"우정은 조화로 이루어진 평등이다." 피타고라스주의자들은 그렇게 말했다. 필요(필연)와 자유라는 상반된 두 가지가 초자연적 일체를 이루니 가히 조화가 있다. 신도 세상과 인간을 창조하면서 상반된 그 둘을 조합하셨다. 자기 자신과 타인이 자유로이 동의할 수 있는 능력을 보존하기 바란다는 점에서 평등이 있다. 누군가가 타인에게 종속되기를 원하거나 타인에 대한 종속에 동의한다면 우정은 흔적조차 남지 않는다. 라신의 인물 필라드는 오레스트의 친구가 아니다.[13] 불평등에는 우정이 없다.

우정에는 어느 정도의 상호성이 필수불가결하다. 둘 중 어느 한쪽에게 아무런 호의가 없다면 상대는 자유로운 동의를 존중하는 차원에서 자신의 애착을 접어야 한다. 그러한 동의를 침해하고 싶어 해서는 안 된다. 상대가 나의 자율성을 존중하지 않는다면 나는 나 자신을 존중하는 뜻에서

---

13. 라신의 《앙드로마크》의 등장인물들. 그리스 신화에서 두 사람은 우정의 대명사로 통하지만 여기서 필라드(필라데스)와 오레스트(오레스테스)는 사촌지간이자 종속 관계에 있는 인물들로 그려진다.

그 관계를 끊어야 한다. 마찬가지로, 굴종을 받아들이는 자는 우정을 얻을 수 없다. 그러나 애착 관계가 내포하는 필요를 둘 중 한쪽만 느끼는 경우도 있다. 이 경우, 엄정히 말해 우정도 한쪽에만 있다 하겠다.

다만 한순간이라도 필요가 양자의 자유로이 동의할 수 있는 능력을 유지하고 싶은 바람을 압도해 버리면 우정은 더럽혀진다. 인간사에서 필요는 불순(不純)의 원리다. 상대의 환심을 사려는 욕망, 혹은 그 반대의 욕망이 흔적으로라도 존재하는 곳에서는 모든 우정이 불순하다. 완전한 우정에는 이 두 욕망이 전혀 없다. 두 친구는 하나가 아니라 둘로서 존재하기를 전심으로 받아들이고 서로 구별되는 두 피조물 사이에 응당 있게 마련인 거리를 피차 존중한다. 인간이 직접적으로 하나가 되기를 소망할 권리가 있는 대상은 오직 신뿐이다.

우정이라는 기적이 있기에 인간은 양식처럼 꼭 필요한 존재를 멀리서 바라보기만 하고 접근하지 않을 수 있다. 이브는 이러한 영혼의 힘을 갖지 못했다. 하지만 이브는 금지된 열매를 필요로 하지 않았다. 만약 이브가 배가 고파서 그 열매를 쳐다봤다면, 배가 고팠는데도 그 열매를 하염없이 쳐다보기만 하고 한 발짝도 다가가지 않았다면, 그녀는 완전한 우정에 비할 만한 기적을 이루어 냈을 것이다.

인간의 자율성에 대한 존중이라는 이 초자연적 미덕에 의하여 우정은 불행이 불러일으키는 연민과 감사의 순수한 형태들과 매우 흡사해진다. 두 경우 모두 조화를 이루는 상반된 것들은 필요/필연과 자유, 혹은 종속과 평등이다. 상반된 것들로 이루어진 이 두 쌍은 등가적이다.

순수한 우정에는 환심을 사려는 욕망과 그 반대의 욕망이 없기 때문에 애착이 있는 동시에 완벽한 무관심과도 같은 그 무엇이 있다. 우정은 비록 두 사람 사이의 관계라지만 몰인격적인 데가 있다. 우정은 공평무사함을 침식하지 않는다. 햇살과 비를 고루 뿌려 주시는 하늘에 계신 아버지의 완전함을 본받는 데 우정은 전혀 걸림돌이 되지 않는다. 오히려 적어도 많은 경우들에 있어서는 우정과 그러한 본받음이 상호 조건이 된다. 실제로 모든 인간은 어느 정도 필요를 포함하는 애착 관계로 타인들과 맺어져 있기 때문에 그 애착을 우정으로 변화시켜야만 완전함에 다가갈 수 있기 때문이다. 우정에는 뭔가 보편적인 것이 있다. 우정은 인간이라는 종을 구성하는 사람들 하나하나를 각별하게 사랑할 수 있기를 바라는 마음으로 어느 한 사람을 사랑하는 것이다. 기하학자가 특정한 도형을 보면서 삼각형의 보편적 속성을 추론해 내듯 사랑을 할 줄 아는 사람은 개별적인 한 인간에게 보편적인 사랑을 쏟는다. 자기 자신과 타인의 자율성을 지키기로 동의한다는 것 자체가 본질적으로 보편성을 띠는 구석이 있다. 단 한 사람이 아니라 여러 사람이 자율성을 지키기를 바라면서부터는 모든 존재가 자율성을 지키기를 원하게 된다. 이때부터는 더 이상 세상의 질서를 지상을 중심으로 하는 원으로 이해하지 않기 때문이다. 그 중심은 하늘 너머로 옮겨진다.

서로 사랑하는 두 존재가 애착을 부당하게 남용하여 그들 둘이 하나라고 믿을 때에는 우정이 이러한 미덕을 지니지 못한다. 이때에는 진정한 의미에서의 우정 자체가 없다고도 하겠다. 그런 것은 설령 남편과 아내 사이의 결합일지라도 일종의 간음이라고 할 수 있다. 우정은 거리가 유지되고 존중되는 곳에만 있다.

좋아하는 사람과 어떤 점을 똑같이 생각한다고 기뻐할 뿐인데, 혹은 그 사람과 의견 일치를 보고 싶어 할 뿐인데도 우정의 순수성과 지적 성실이 동시에 침해당할 수가 있다. 그런 일은 자주 있다. 그러나 순수한 우정이 몹시 드물기도 하다.

사람들끼리의 애착과 필요의 관계가 우정으로 초자연적으로 변화되지 않으면 애착이 불순하고 저열할 뿐만 아니라 증오와 반감이 섞여 들어온다. 《아내 학교》와 《페드르》는 그 점을 잘 보여 준다. 육체적 사랑과는 다른 애착들이라도 메커니즘은 마찬가지다. 이를 이해하기는 어렵지 않다. 우리는 우리가 의존하는 것을 미워하고, 우리에게 의존하는 것은 혐오한다. 때로는 애착에 뭔가 섞여 들어오는 수준이 아니라 애착이 완전히 미움과 혐오로 변하기도 한다. 가끔은 거의 아무 애착도 드러나지 못할 만큼 그 변화가 전격적이다. 필요가 대번에 까발려질 때가 그렇다. 사람들을 이어 주는 필요가 정(情)의 성격을 띠지 않을 때, 그러한 필요가 상황하고만 이어져 있을 때에는 곧잘 처음부터 적의가 두드러진다.

그리스도가 제자들에게 "너희는 서로 사랑하라"고 말씀하시면서 권하신 바는 애착이 아니었다. 실제로 공통의 생각, 공동생활, 습관에 따라서 맺은 관계들을 우정으로 변화시켜 불순한 애착이나 증오로 변질되지 않게 하라는 뜻이었다.

그리스도는 죽음이 얼마 남지 않은 때에 이 말씀을 이웃 사랑과 하느님에 대한 사랑의 계명에 추가하는 새로운 계명으로 남기셨다. 우리는 순수한 우정이 이웃에 대한 자비와 마찬가지로 성사와 같은 것을 포함한다고 생각할 수 있겠다. 그리스도는 "두 사람이나 세 사람이라도 내 이름으로 모인 곳에는 나도 함께 있으리라."를 통하여 그리스도교적 우정과 관련하여 그 점을 말하고 싶었는지도 모르겠다. 순수한 우정은 완전하고 시원적인 우정의 이미지, 곧 삼위일체의 이미지이자 신의 본질 자체다.

신이 두 사람에게 임하지 않는 한, 그 둘이 양심적으로 서로의 거리를 존중하면서 하나가 되기란 불가능하다. 평행선들은 무한원점에서나 만난다.

암묵적 사랑과 명시적 사랑

아무리 편협한 가톨릭일지라도 연민, 감사, 세상의 아름다움에 대한 사랑, 종교적 의례에 대한 사랑, 우정이 교회가 존재했던 시대들과 나라들의 전유물이라고 감히 주장하지는 못할 것이다. 이 사랑들이 순수하기란 드물지만, 교회가 존재했던 시대와 나라에 유독 더 자주 나타났었다고 주장하기도 어렵겠다. 그리고 그리스도 없이도 이런 사랑들이 빚어질 수 있다는 생각은 그리스도를 위축시키다 못해 능욕하는 것, 불경한 행위이자 신성모독에 가깝다.

이 사랑들은 초자연적이다. 그리고 어떤 의미에서는 부조리하다. 제정신이 아니라는 얘기다. 영혼이 신격 자체와 직접적으로 접촉하지 않는 한, 이 사랑들은 경험에 근거한 것이든 추론에 근거한 것이든 그 어떤 지식에도 기댈 수 없다. 따라서 확실성이라는 단어를 비유적 의미에서 망설임의 반대를 가리키기 위해서 쓴다면 모를까, 이 사랑들은 어떤 확실성도 근거로 삼지 않는다. 그러니 이 사랑들에는 어떤 신념도 따라오지 않는 편이 좋겠다. 그 편이 지적으로 더 성실하고 사랑의 순수성도 더 잘 보존하기 때문이다. 그 편이 모든 면에서 더 합당하다. 신적인 것들에 관하여 신념이란 합당치 않다. 확실성만이 합당하다. 확실성에 미치지 못하는 모든 것은 하느님께 합당치 않다.

예비 기간 동안 이 간접적인 사랑들은 영혼의 상승 운동, 높은 곳을 쳐다보려는 노력 어린 시선에 해당한다. 처음에는 오랫동안 하느님께서 영혼을 만나러 오시지만 그분이 거기에 그치지 않고 영혼을 사로잡아 그 중심을 자기 옆에 옮기시면 이제 사정이 달라진다. 병아리는 껍질을 깨고 세계라는 알 밖으로 나온다. 이 최초의 사랑들은 전보다 더욱 강렬하게 남겠지만 전과는 다르다. 이 모험을 거친 자는 불행한 사람, 불행에 처한 자기를 도와주는 사람들, 친구들, 종교적 의례, 세상의 아름다움을 예전보다 더욱더 사랑한다. 그러나 이 사랑들은 마치 신의 사랑이 그렇듯, 하느님의 빛에 스며든 광선이 그렇듯, 위에서 아래로 향한다. 적어도 우리는 그렇게 가정할 수 있다.

이 간접적 사랑들은 그저 선으로 향한 영혼이 지상의 존재와 사물을 대하는 태도일 뿐이다. 이 사랑들 자체가 어떤 선을 목적으로 삼지 않는다. 지상에는 선이 없다. 그러므로 엄밀하게 말하자면 사랑도 아니다. 그저 애정 어린 태도일 뿐이다.

예비 기간 동안 영혼은 텅 빈 가운데서 사랑한다. 영혼은 실제의 그 무엇이 자신의 사랑에 상응하는지 어떤지 알지 못한다. 자기가 안다고 믿을 수는 있다. 그러나 신념이 곧 앎은 아니다. 그러한 신념은 도움이 되지 않는다. 영혼은 그저 어떤 식으로든 자기가 굶주려 있음을 알 뿐이다. 중요한 것은 영혼이 굶주림에 울부짖는다는 것이다. 아이는 먹을 것이 없다는 눈치를 줘도 울음을 그치지 않는다. 아이는 그래도 운다.

위험한 것은 영혼이 빵이 있고 없고를 의심하는 것이 아니라 자신은 배가 고프지 않다는 거짓을 믿어 버리는 것이다. 영혼이 믿는 것은 거짓일 수밖에 없다. 배고픔이라는 현실은 신념이 아니라 확실성이기 때문이다.

우리는 모두 지상에는 선이 없고, 지상에서 선처럼 보이는 모든 것은 유한하고 제한적이며 고갈되게 마련이어서 일단 고갈되고 나면 필요가 적나라하게 드러난다는 것을 안다. 사람이라면 누구나 살아오면서 지상에는 분명히 선이 없다고 생각했던 순간이 있을 것이다. 그러나 그는 이 진리를 발견하자마자 황급히 거짓으로 덮는다. 심지어 많은 이들은 그 진리를 한순간도 직시해 보지 않았으면서 슬픔에서 병적인 희열을 얻고자 그 진리를 부르짖는 데서 자기만족을 얻는다. 인간은 이 진리를 한동안 직시하는 것이 치명적으로 위험하다는 사실을 안다. 실제로 그렇다. 이 앎은 검보다도 치명적이다. 이 앎은 육신의 죽음보다 더 두려운 죽음을 가한다. 시간이 흐르면 이 앎이 우리가 자아라고 부르는 모든 것을 죽여 버린다. 그 앎을 지탱하려면 진리를 생명보다 사랑해야 한다. 그런 사람들은 플라톤의 표현대로 온 영혼을 바쳐 덧없이 지나가는 것을 외면한다.

그들은 하느님께로 향하지 않는다. 완전한 암흑 속에서 어떻게 그럴 수 있겠는가? 신이 친히 그들에게 합당한 방향을 정해 주셨다. 그러나 오랜 시간이 흐르기 전에는 신이 그들에게 나타나지 않았다. 꼼짝 않고 머문 채 시선을 돌리지 않고 부단히 귀 기울이며 뭔지 모를 것을 기다리는 것이 그들의 몫이다. 그들은 누가 부르거나 위협해도 들리지 않는 것처럼, 충격에도 동요하지 않고 기다려야 한다. 오랜 기다림 끝에 신이 희미하게라도 당신의 빛을 느끼게 해 주시거나 친히 나타나신다 해도 한순간일 뿐이다. 그들은 다시 한 번 꼼짝 않고 주의 깊게 기다리며 갈망이 너무 거셀 때에만 신을 부른다.

신이 실재성을 드러내 보이지 않는다면 신의 실재성을 믿는 것은 영혼이 좌지우지할 수 있는 일이 아니다. 영혼은 엉뚱한 것에 신이라는 이름을 붙이니, 이게 바로 우상숭배다. 혹은 신에 대한 믿음은 추상적인 말로만 남을 뿐이다. 종교적 교리를 의심한다는 생각조차 할 수 없었던 시대와 나라의 사정이 딱 그랬다. 이러한 불신앙의 상태가 바로 십자가의 성 요한이 말하는 밤(夜)이다. 신앙이 말뿐이니 영혼 속에 파고들지 못한다. 지금 이 시대에 신을 사랑하면서도 불신앙의 상태에 있는 자가 있다면, 그 불신자가 빵이 어디 있는지 몰라서 배고프다고 울어 대는 아이와 같은 신세라면, 그러한 불신앙 또한 십자가의 성 요한이 말하는 어두운 밤에 해당하겠다.

빵을 먹으면서는, 아니 빵을 먹고 난 후에도 빵이 실제로 존재한다는 것은 안다. 그럼에도 불구하고 빵의 실재성을 의심할 수는 있다. 철학자들은 감각적 세계의 실재성을 의심한다. 하지만 그건 순전히 말뿐인 의심이기에 확실성을 침해하지 않는다. 오히려 방향을 잘 잡고 있는 정신에게는 의심이 실재성을 더욱더 명백하게 드러낸다 하겠다. 마찬가지로, 신의 실재성을 계시받은 자조차도 그 실재성을 얼마든지 의심할 수 있다. 그 의심은 순전히 언어적인 것으로 지성의 건강에 유익한 훈련이다. 계시 이후는 물론이요, 계시 이전에도 오직 신만이 사랑받으실 만하다는 것을 의심하는 것이야말로 신께 반역하는 죄다. 이는 시선을 딴 데로 돌리는 죄다. 사랑은 영혼의 시선이다. 기다리면서 귀 기울이기를 일순간 멈추어 버린 죄다.

엘렉트라는 오레스테스를 찾지 않고 기다린다. 그녀는 오레스테스가 이제 없다고, 이 세상 어느 곳에도 오레스테스라는 존재는 없다고 생각했을 때조차 그 부재를 이유로 자신의 주위 사람들에게 돌아가지 않는다. 그녀는 오히려 더 큰 반감을 품고 거리를 둔다. 엘렉트라는 다른 그 무엇의 현존보다 오레스테스의 부재를 더 사랑한다. 오레스테스는 그녀를 노예살이와 누더기와 굴욕적인 노동과 더러움과 굶주림과 매질과 수없는 모욕에서 해방시켰어야 했다. 이제 엘렉트라는 그런 것은 바라지 않는다. 그러나 단 한순간도 자신에게 영광되고 호사스러운 삶을 안겨 줄 다른 방법, 즉 강자들과 화해하는 방법을 동원할 생각은 하지 않는다. 그녀는 오레스테스가 안겨 주는 것이 아니라면 풍요와 배려를 원치 않는다. 아예 그런 생각조차 없다. 엘렉트라는 오레스테스가 존재하지 않은 그 순간부터 자신도 존재하지 않기를 바랄 뿐이다.

그 순간 오레스테스는 더 이상 버티지 못한다. 그는 자기 이름을 대지 않을 수 없었다. 그는 자신이 오레스테스라는 확고한 증거를 제시한다. 엘렉트라는 그를 보고, 그의 목소리를 듣고, 그를 만진다. 그러고는 이제 자기 구원자의 존재 여부를 의심하지 않는다.

엘렉트라처럼 뜻밖의 일을 겪어 본 사람, 자신의 영혼 자체로 보고 듣고 만져 본 사람은 신 안에서 이 간접적인 사랑들의 실재성을 알아본다. 그 사랑들은 반영과도 같다. 신은 순수한 아름다움이다. 아름다움은 본질상 감각적이기 때문에 이 점은 불가해하다. 감각적이지 않은 아름다움을 말한다는 것이 깐깐한 정신의 소유자에게는 언어의 오용(誤用)처럼 보이기 때문이다. 그렇게 보는 것이 일리가 있다. 아름다움은 언제나 기적이다. 그러나 영혼이 감각적이지 않은 아름다움을 느낄 때 그것이 추상이 아니라 마치 그 순간 들려온 노래처럼 실질적이고 직접적인 인상을 줄지라도 그 기적은 직접적이지 않고 암시적이다. 침묵이 소리의 부재가 아니라 소리보다 한없이 더욱 실질적인 것이요, 화음이 차지해야 할 자리는 실제 음들의 조합으로 이루어 낼 수 있는 그 어떤 아름다움보다 완전하다는 사실을 마치 기적의 호의를 입은 듯 감각으로 뚜렷이 알 수 있는 것과 마찬가지다. 침묵에도 등급이 있다. 우주의 아름다움에 깃든 침묵도 신의 침묵에 비하면 마치 잡음과 같다.

신은 또한 진정한 이웃이다. '인격'(personne)이라는 용어는 그 고유한 속성을 감안하면 신에게만 적용되고, '몰인격적'(impersonnel)이라는 용어 또한 그렇다. 신은 축 늘어진 채 피 흘리는 살덩어리로 전락한 가엾은 우리를 굽어보시는 자다. 그러나 그와 동시에 신은 어떤 면에서 우리에게 그저 힘없는 육신으로만 보이는 이 불쌍한 사람이기도 하다. 그 육신에는 아무런 생각도 없을 것 같고, 그 사람의 이름이나 신분은 아무도 모른다. 이 생기 없는 몸이 피조물로서의 우주다. 우리가 신께 받은 사랑, 우리가 다다를 수만 있다면 지고의 완전함이 될 그 사랑은 신께서 보여 주시는 감사와 연민의 본보기다.

신은 또한 특별히 친구가 되신다. 신은 당신과 우리 사이의 무한한 거리에도 불구하고 평등 비슷한 것이 존재하게끔 피조물 속에 절대성을 두기를 원하셨다. 당신을 바라보게끔 정하신 방향에 동의하느냐 동의하지 않느냐라는 절대적 자유가 여기에 해당한다. 신은 또한 우리가 오류와 거짓을 저지를 가능성을 거짓된 상상 속에서 우주와 인간뿐 아니라 신까지도 지배하는 권한으로까지 확대하셨다. 신은 우리가 사랑으로 말미암아 포기할 수 있도록 하시기 위하여 이 무한한 착각의 능력까지도 주셨다.

실로 신과의 접촉은 진정한 성사다.

그러나 신에 대한 사랑 때문에 지상에서의 순수한 사랑들을 잃어버린 사람들은 하느님의 거짓 친구라고 거의 확실하게 말할 수 있다.

이웃, 친구, 종교의식, 세상의 아름다움은 영혼과 신의 직접적인 접촉

이후에도 비현실적인 것들의 반열로 격하되지 않는다. 오히려 그때야 비로소 그 사랑들이 정말로 실질적인 것이 된다. 이전에 그 사랑들은 반쯤 꿈결 같았다. 이전에는 아무런 실재성이 없었다.

주기도문에 대하여

Πάτερ ἡμῶν ὁ ἐν τοῖς οὐρανοῖς
하늘에 계신 저희 아버지

그는 우리의 아버지시다. 우리 안에 실재하는 것이면서 그에게서 비롯되지 않은 것은 하나도 없다. 우리는 그에게 속한다. 그는 자기 자신을 사랑하시는데, 우리가 그에게 속하기 때문에 우리도 사랑하신다. 그러나 하늘에 계신 분은 아버지시다. 다른 곳이 아니다. 우리가 지상에 아버지가 있다고 믿는다면 그는 아버지가 아니라 가짜 신이다. 우리는 아버지를 향하여 한 발짝도 내딛을 수 없다. 우리는 하늘을 향하여 전진할 수 없다. 우리는 시선만 아버지에게로 돌릴 수 있다. 아버지를 찾을 필요 없이 시선의 방향만 바꾸면 되는 것이다. 그분이 우리를 찾으신다. 그분이 우리 힘으로 미치는 곳보다 한없이 멀리 계심을 알고 기뻐함이 마땅하다. 이로써 우리 안의 악이 우리 존재 전체를 뒤덮을지라도 신적인 완전함, 지복, 순수는 더럽혀지지 않는다고 굳게 믿을 수 있다.

Ἁγιασθήτω τὸ ὄνομά σου
아버지의 이름을 거룩히 드러내시며

하느님께만 당신 자신의 이름을 부를 권한이 있다. 인간의 입술은 그의 이름을 소리 내어 부를 수 없다. 그의 이름은 그의 말이다. 말씀(Verbe)인 것이다. 존재의 이름이란 인간 정신과 그 존재 사이의 중개물, 그 존재가 없을 때에도 정신이 그 존재의 무엇인가를 포착할 수 있게 하는 유일한 길이다. 하느님은 부재한다. 그분은 하늘에 계신다. 그의 이름은 인간에게 그를 향한 접근의 유일한 가능성이다. 이름은 중보자(Médiateur)다. 그 이름 또한 초월적이지만 인간은 거기에 접근할 수 있다. 그 이름은 세상의 질서와 아름다움 속에서, 인간 영혼의 내적인 광명 속에서 찬란히 빛난다. 그 이름은 성스러움 그 자체다. 그 이름 외에는 성스러움이 없다. 따라서 신성화될 필요조차 없다. 우리는 성화(聖化)를 간구하면서, 우리 힘으로 한없이 미세한 부분조차 더하거나 뺄 수 없 영원하고도 충만한 실재성을 지니는 것을 간구하는 셈이다. 우리의 간구와 완전히 무관하게, 영원토록 틀림없이 실재하는 것을 바라니 이는 완전한 간구다. 우리는 욕망하지 않을 수가 없다. 우리는 욕망이다. 그러나 우리를 상상의 세계, 시간, 이기심에 못 박아 놓는 그 욕망을 온전히 이 간구에 싣는다면 상상에서 현실로, 시간에서 영원으로, 그리고 자아의 감옥 밖으로 우리를 옮기는 지렛대로 삼을 수 있다.

ἐλθέτω ἡ βασιλεία σου
아버지의 나라가 오게 하시며

이제 관건은 반드시 와야만 하는 것, 지금은 여기에 없는 것이다. 아버지의 나라, 그것은 지성을 갖춘 모든 피조물들의 영혼을 온전히 채우는 성령이다. 성령은 원하시는 데로 임하신다. 우리는 그저 청할 수만 있다. 자기에게, 혹은 특정한 타인들에게, 심지어 모든 이에게 성령이 임하시기를 특수한 방식으로 청하려는 생각조차 해서는 안 된다. 그 초대는 순수하고 단순해야 한다. 그저 성령을 생각함이 초대 또는 외침이 되어야 할 것이다. 사람이 갈증을 못 이겨 병이 날 지경이 되면 자기가 물을 마신다는 생각, 아니 물을 마신다는 일반적 행위조차 떠올리지 못한다. 그는 오로지 물 그 자체만을 생각하나 이때 그가 떠올리는 물의 이미지는 그의 존재 전체로 부르짖는 절규와 같다.

γενηθήτω τὸ θέλημά σου
아버지의 뜻이 이루어지게 하소서

우리는 과거에 대해서만 하느님의 뜻을 절대적으로 틀림없이 확신한다. 이미 일어난 일은 어떤 것이든 간에 전능하신 아버지의 뜻에 부합한다. 전능이라는 개념 자체에 그러한 의미가 들어 있다. 미래도 뭐가 되든 일단 이루어지면 신의 뜻에 부합하게 될 것이다. 우리는 이 부합(conformité)에서 아무것도 빼거나 덧붙일 수 없다. 그래서 가능성에 대한 욕망이 솟아

올랐다가 이 문장에 이르러 다시금 현존하는 것을 간구하는 것이다. 그러나 이제 말씀의 성스러움 같은 영원한 실재성을 간구하지는 않는다. 여기서 우리가 간구하는 대상은 시간 속에서 발생하는 것이다. 그러나 우리는 시간 속에서 발생하는 것이 하느님의 뜻과 한 치 틀림없이 영원무궁토록 부합하기를 요구한다. 앞에서의 기도가 욕망을 시간에서 떼어 내어 영원으로 옮겼다면 이제는 어떤 면에서 그 자체로 영원해진 이 욕망을 다시 시간으로 옮겨야 한다. 이때 우리의 욕망은 시간을 꿰뚫고 그 뒤에서 영원을 찾는다. 모든 일어나는 일을 욕망의 대상으로 삼으면 그렇게 된다. 이는 체념과 완전히 다르다. 받아들임이라는 말조차도 너무 미흡하다. 이루어진 모든 일을 반드시 이루어져야만 했을 일로 생각하고, 달리 어떤 것도 바라지 말아야 한다. 이미 이루어진 일이 우리가 보기에 좋아서가 아니라, 신께서 그렇게 이루어지기를 허용하셨고 시선이 신께 복종하는 방향으로 흘러가는 것은 그 자체로 절대적 선이기 때문이다.

ὡς ἐν οὐρανῷ καὶ ἐπὶ τῆς γῆς
하늘에서와 같이 땅에서도

우리 욕망을 신의 전능한 뜻에 결부시키는 태도는 영적인 것들에까지 확대되어야 한다. 우리나 우리가 사랑하는 이들의 영적 상승과 실추는 저세상과 관련되어 있으나 분명히 지상에서, 시간 속에서 일어나는 일이기도 하다. 그렇게 볼 때 영적 상승과 실추는 사건들의 망망대해에서 아주 사소한 것들이지만 신의 뜻에 부합하게끔 그 바다와 함께 이리저리 흔들린다.

과거의 실추는 이미 일어난 일이니 우리는 그조차도 이루어졌어야만 했을 일이었기를 바라야 할 것이다. 미래가 과거가 될 그날을 위하여 이 바람은 미래에까지 확대해야 한다. 아버지의 나라가 오기를 바라는 간구에 이 정정(訂正)은 꼭 필요하다. 영생에 대한 바람으로 다른 모든 바람들을 버려야 하지만 영생 자체도 체념으로써 바라야 한다. 초연에조차 집착해서는 안 된다. 구원에 대한 집착은 다른 집착들보다 위험하다. 목이 말라 죽어가는 사람이 물을 생각하면서도 물을 마시는 것이 신의 뜻에 어긋난다면 자신과 소중한 이들에게 영원히 물이 주어지지 않기 바라는 것처럼 — 가령 이런 일을 상상할 수 있다면 말이다 — 그렇게 영생을 생각해야 한다.

이상의 세 간구는 삼위일체를 이루는 성부, 성자, 성령과 관계를 맺는 한편, 시간의 세 부분인 과거, 현재, 미래와도 관계가 있다. 이후의 세 간구는 시간의 세 부분과 좀 더 직접적인 연관이 있는데 이때의 순서는 현재, 과거, 미래로 달라진다.

Τὸν ἄρτον ἡμῶν τὸν ἐπιούσιον δὸς ἡμῖν σήμερον
오늘 저희에게 일용할 (초자연적인) 양식을 주시고

그리스도는 우리의 빵이다. 우리는 지금 당장을 위해서만 그분을 청할 수 있다. 그는 언제나 여기에, 우리 영혼이 미치는 곳에 있다. 그는 들어오고 싶어 하시나 우리의 동의를 침해하지 않는다. 우리가 동의해야만 그가 들어오신다. 그가 계시기를 우리가 더는 원치 않으면 즉시 가 버리신다. 내일의 의지를 오늘 미리 잡아 놓을 수 없다. 오늘 그와 약속을 해서 만약 내일 우리가 원치 않더라도 그가 우리 안에 계시게끔 할 수가 없다는 얘기다. 그의 현존에 대한 우리의 동의는 그의 현존 자체와 결국 다르지 않다. 동의는 행위요, 현행적일 수밖에 없다. 우리는 미래에 적용 가능한 의지를 타고나지 않았다. 우리 의지에서 효력이 없는 모든 것은 상상적이다. 의지의 효력 있는 부분은 즉각적으로 효력을 발하니, 그 효력은 의지 자체와 별개가 아니다. 그것이 동의, 혼인 서약에 대한 수락이다. 현재에 표명된 수락은 현재를 위한 것이되, 우리 영혼의 영원한 부분과 그리스도의 연합에 동의하는 것이므로 영원한 말로서 표명된다.

우리에겐 빵이 필요하다. 우리는 끊임없이 외부에서 에너지를 끌어와야 하는 존재들이다. 에너지를 얻는 만큼 에너지를 활동으로 소진하기도 하기 때문이다. 에너지를 매일매일 새로 얻지 못하면 힘이 없어지고 움직이지도 못하게 될 것이다. 엄밀한 의미에서의 양식, 문자 그대로의 의미에서의 양식(nourriture) 외에도 모든 자극은 우리의 에너지원이다. 돈, 발전, 배려, 상패, 명성, 권력, 사랑하는 존재들, 이 모든 것이 마치 빵처럼 우리에게 행동할 수 있는 힘을 불어넣는다. 이 애착들 중 어느 하나가 우리 안에 제법 깊이 들어와 육체적 삶의 살아 있는 뿌리까지 닿는다면 그 애착의 박탈은 우리를 파괴하고 죽음까지 초래할 것이다. 소위 슬픔으로 죽는다고 할까. 그러한 죽음은 아사(餓死)와 같다. 이 모든 애착의 대상들이 엄밀한 의미에서의 양식과 더불어 지상의 빵에 해당한다. 우리가 동의하느냐 거부하느냐는 순전히 상황에 달려 있다. 상황이 신의 뜻에 부합하기를 바란다면 모를까, 상황에 대해서 그 외에는 어떤 것도 간구해서는 안 된다. 우리는 이 세상의 빵을 바라서는 안 된다.

빵은 하늘을 원천으로 삼는 초월적 에너지다. 우리가 원하기만 하면 그

에너지가 우리 안으로 흘러들어 온다. 빵은 정녕 에너지다. 그 에너지가 우리 영혼과 육체를 중개 삼아 실제로 작용한다.

우리는 이 양식을 구해야 한다. 이 양식을 구하는 순간, 구하는 행위 자체만 보시고도 하느님께서 그 양식을 주고 싶어 하심을 우리는 안다. 이 양식 없이는 단 하루도 살 수 없어야 한다. 이 세상의 필연을 따르는 지상의 에너지만이 우리의 행위를 지배한다면 우리는 악만 생각하고 악만 행하게 되기 때문이다. "하느님께서 세상이 사람의 죄악으로 가득 차고 사람마다 못된 생각만 하는 것을 보셨다."[1] 우리를 악에 묶어 놓는 필연은 우리 안의 모든 것을 지배한다. 단, 높은 곳에서 우리 안으로 흘러들어 올 때의 그 에너지만은 지배하지 못한다. 그 에너지는 비축해 놓을 수 있는 것이 아니다.

καὶ ἄφες ἡμῖν τὰ ὀφελήματα ἡμῶν, ὡς καὶ ἡμεῖς ἀφίεμεν τοῖς ὀφειλέταις ἡμῶν
저희에게 잘못한 이를 저희도 용서하였듯이 저희 잘못을 용서하시고

이 말을 하는 순간에는 이미 모든 빚을 탕감해 주었어야 한다. 우리가 당했다고 생각하는 위해의 보상만을 두고 하는 말이 아니라 우리의 선행에 대한 감사까지도 포함해서 하는 말이다. 아주 일반적으로는 우리가 사물과 존재에게 기대하는 모든 것, 우리가 마땅히 받아야 한다고 생각하는 모든 것, 주어지지 않으면 좌절감을 느끼게 될 법한 모든 것을 두고 하는 말이다. 즉 과거가 장차 줄 것으로 생각되는 모든 권리가 여기에 해당한다.

---

1. 《창세기》 6장 5절.

일단, 어떤 영속성을 누릴 권리가 있다. 우리는 장기간 어떤 것에서 희열을 얻으면 그게 마치 우리 소유인 양, 우리가 그것을 계속 향유해도 좋은 팔자인 양 믿어 버린다. 그다음으로는, 각각의 노력에 대하여 보상받을 권리가 있다. 노동, 고통, 바람 등 노력이 어떤 성격을 띠느냐는 상관없다. 우리가 어떤 노력을 기울일 때마다 그 노력의 등가물이 가시적인 결실로서 돌아오지 않으면 우리는 흡사 도둑질을 당한 것 같은 부당함과 허무함을 느낀다. 위해를 감내하는 노력은 가해자가 벌을 받든가 사과하기를 기대하게 한다. 선을 행하는 노력은 덕을 본 사람의 감사를 기대하게 한다. 그러나 이런 것들은 우리 영혼의 보편적 법칙의 특수한 예들일 뿐이다. 우리는 자기 안에서 뭔가 나갈 때마다 최소한 등가적인 그 무엇이 자기 안에 들어와야 할 것 같은 욕구를 느낀다. 그런 욕구가 있으니까 권리도 있다고 믿어 버리는 거다. 우리에게 빚진 자들은 모든 존재, 모든 사물, 우주 전체다. 우리는 우리가 만물에 대해서 채권자인 줄 안다. 우리가 쥐고 있는 줄 아는 모든 채권들은, 그래봤자 과거가 미래에 쥐게 될 거라고 상상한 채권일 뿐이다. 그 채권을 포기해야 한다.

　채무자들을 용서해 주었다는 것은 과거의 빚을 일괄 탕감해 주었다는 얘기다. 미래를 다시 흠 없고 손 타지 않은 상태로 인정해 주는 것이다. 미래는 우리가 모르는 관계들로 과거와 엄밀히 이어져 있지만 우리의 상상력이 일방적으로 믿어 버리는 관계들에는 구애받지 않는다. 무슨 일이든 일어날 가능성, 특히 우리에게 그렇게 일어날 가능성을 받아들여야 한다. 내일이 우리 과거의 모든 생애를 무익하고 헛된 것으로 만들 수 있음을 받아들여야 한다.

　과거의 모든 결실을 예외 없이 모조리 포기함으로써 과거의 모든 죄가 우리 영혼에 악과 오류의 비참한 열매들을 맺지 못하도록 신에게 청할 수 있다. 우리가 과거에 매여 있는 한, 신조차도 우리 안에 그 끔찍한 열매들이 열리지 못하도록 막을 수 없다. 과거에 매이면 죄에도 매이게 마련이다. 우리 안의 가장 본질적으로 나쁜 것이 무엇인지는 우리 자신도 모르기 때문이다.

우리가 우주에 대해서 쥐고 있다고 생각하는 주된 채권은 우리의 인격성이 지속될 거라는 생각이다. 이 채권에 여타의 모든 채권이 포함된다. 우리는 자기 보존의 본능 때문에 이 지속성을 필연처럼 느끼고 필연을 권리라고 착각한다. 마치 탈레랑[2]에게 "나리, 제가 살아야겠습니다."라고 했으나 "꼭 그래야 할 필요를 모르겠군요."라는 대답을 들었던 거지처럼 말이다. 우리의 인격성은 전적으로 외부 상황에 달려 있다. 상황에는 인격성을 파괴할 수 있는 무한한 힘이 있다. 그러나 우리는 이 사실을 인정하느니 차라리 죽는 게 낫다 여긴다. 인격성이 아무 손상을 입지 않고 우리에게 잘 속해 있는 듯 상황이 흘러갈 때면 세상도 균형이 잘 잡혀 있는 것 같다. 반면 우리 인격성에 상처를 입혔던 과거의 모든 상황은 균형이 깨진 것이니 언젠가 반대되는 현상들로 틀림없이 보상받을 것만 같다. 우리는 그러한 보상을 기다리며 살아간다. 임박한 죽음이 두려운 가장 큰 이유는 그런 보상은 없다는 인식을 피할 수 없기 때문이다.

빚의 탕감, 이것은 자기 인격성의 포기다. 내가 나라고 부르는 모든 것을 포기함이다. 예외는 없다. 내가 나라고 부르는 것에는 외부 상황이 없애지 못할 그 무엇도, 그 어떤 심리적 요소도 없다. 이것을 받아들여라. 그리하는 자는 행복하다.

---

2. Charles-Maurice de Talleyrand(1754~1838), 프랑스의 외교관이자 정치가.

"당신 뜻이 이루어지게 하소서."라는 말을 온 영혼을 다해 내뱉는 것이 바로 이 받아들임을 뜻한다. 그렇기 때문에 잠시 후에 "저희에게 잘못한 [빚진] 이를 저희도 용서하였듯이"라고 말할 수 있는 것이다.

빚의 탕감은 영적인 가난, 영적 헐벗음, 죽음이다. 죽음을 완전히 받아들인다면 우리 안의 악에서 정화된 모습으로 살아나게 해 달라고 신께 간구할 수 있다. 우리 빚을 탕감해 달라는 간구는 우리 안의 악을 지워 달라는 간구이기 때문이다. 용서는 깨끗게 함이다. 우리 안에 존재하고 머무르는 악은 신조차 용서하실 수 없다. 신은 우리를 완전한 상태에 두실 때에 우리 빚을 다 탕감해 주신다. 그때까지는 우리가 우리에게 빚진 자들을 탕감해 주는 한에서 우리 빚도 부분적으로만 탕감해 주신다.

καὶ μὴ εἰσενέγκῃς ἡμᾶς εἰς πειρασμόν, ἀλλὰ ῥῦσαι ἡμᾶς ἀπὸ τοῦ πονηροῦ
저희를 유혹에 빠지지 않게 하시고 저희를 악에서 구하소서

인간에게 유일한 시험은 저 혼자 악과 접촉하게끔 방임되는 것이다. 이 때에 인간의 무가치함이 경험적으로 입증된다. 영혼은 자기가 간구한 때에 초자연적인 빵을 받는다 해도 오직 현재를 위해서만 그 빵을 구할 수 있기 때문에 기쁨 반 두려움 반의 감정을 느낀다. 영혼에게 미래는 여전히 두렵다. 영혼은 내일을 위한 빵을 구할 권리가 없지만 자신의 두려움을 애원으로 표현한다. 영혼은 여기서 기도를 마친다. 기도는 '아버지'라는 단어로 시작했고 '악'이라는 단어로 끝난다. [아버지에 대한] 신뢰에서

출발해서 [악에 대한] 두려움으로 나아가야 한다. 오직 그러한 신뢰만이 두려움이 추락을 낳지 않게끔 충분한 힘을 준다. 영혼이 신의 이름과 왕국과 의지를 관조한 후에는, 초자연적인 빵을 받고 악에서 정화된 후에는, 모든 미덕 가운데 으뜸가는 진정한 겸손에 대한 준비가 된 것이다. 이 세상에서는 이른바 자아뿐만 아니라 영혼 전체가, 신이 임재하는 영혼의 초자연적인 부분까지도, 시간과 변화의 부침에 종속됨을 아는 것이 겸손이다. 자기 안의 자연적인 모든 것이 파괴될 가능성을 절대적으로 받아들여야 한다. 그러나 그와 동시에 영혼의 초자연적인 부분이 사라질 가능성은 거부해야 한다. 그러한 가능성은 신의 뜻에 부합하게 일어나는 사건으로서만 받아들여라. 그러나 끔찍한 일이라는 점에서는 거부하라. 그런 일은 두려워해야 한다. 그러나 두려움이 신뢰를 완성시켜야 할 것이다.

여섯 가지 간구는 두 가지씩 호응한다. 초월적인 빵은 신의 이름과 다르지 않다. 이것이 인간과 신을 접촉하게 해준다. 하느님의 나라는 악으로부터의 보호가 확장된 것과 다르지 않다. 보호는 왕의 역할이다. 우리에게 빚진 자를 용서함은 하느님의 뜻을 완전히 받아들이는 것과 다르지 않다. 처음의 세 간구는 오직 신에게만 주의를 기울이는 반면, 이후의 세 간구는 주의를 자기에게로 돌려 간구들이 상상 속 행위가 아니라 실제 행위가 되게 한다는 차이가 있을 뿐이다.

주기도문의 전반부는 받아들임으로 시작한다. 그 후, 자기 자신에게 어떤 욕망을 허락한다. 받아들임으로 돌아오면서 그 욕망을 정정한다. 후반부에서는 순서가 바뀐다. 욕망의 표현으로 기도가 마무리된다. 이제 욕망이 소극적인 것이 되었기 때문이다. 욕망은 두려움으로서 표현된다. 그러므로 가장 높은 경지의 겸손에 상응하니 마무리에 합당하다.

주기도문은 가능한 모든 간구를 담고 있다. 상상할 수 있는 모든 기도가 이미 여기에 들어 있다. 주기도문과 기도의 관계는 그리스도와 인류의 관계와 같다. 단어 하나하나에 충실히 집중하여 이 기도문을 소리 내어 한 번 읊을 때마다 미세하지만 실질적인 변화가 영혼에 일어나지 않을 수 없다.

노아의 세 아들과 지중해 문명사

노아와 그 아들들에 대한 전승은 지중해 문명사에 눈부신 빛을 던져 준다. 히브리인들이 증오심 때문에 그 전승에 덧붙인 사항들은 쳐내야 한다. 그들의 해석은 명약관화하게 전승 자체와 따로 논다. 그들은 함에게 잘못을 뒤집어씌우고 그의 아들 중 하나인 가나안이 저주를 받게 했다. 히브리인들은 여호수아의 인도를 받던 때에도 자기들이 가나안 땅의 성을 파괴하고 부족을 척살했노라 자랑스러워했다. 개를 물에 빠뜨려 죽이기를 원하는 자는 그 개에게 미친개라는 누명을 씌운다. 이미 개를 죽였다면 더욱더 그럴 것이다. 살인자가 희생자를 비난하면서 하는 말은 증언으로 채택하지 않는 법이다.

야펫은 유목 민족들의 선조다. 우리가 인도-유럽 민족들이라고 부르는 자들이 이에 속한다. 셈은 셈족, 히브리인, 아랍인, 아시리아인, 그 외 여러 민족의 조상이다. 그렇게 설득력이 있지는 않지만 언어학적인 이유에서 지금은 페니키아인도 여기에 집어넣는다. 어떤 이들은 모든 것을 떠안고 죽은 자들에게 염치없게도, 과거를 현재의 목적에 걸맞게 조작하여 페니키아인과 히브리인을 동류로 보기까지 한다. 그렇지만 성경에는 두 민족 간의 친화성이 전혀 나타나지 않는다. 《창세기》에도 페니키아인은 함의 자손이라고 나와 있다. 지금은 크레타인으로 간주하기 때문에 펠라스기인에 속한다고 보는 팔레스티나인(블레셋인)도 함의 자손이다. 셈족이 침입하기 전에 메소포타미아에 거주하던 사람들, 다시 말해 바빌로니아인들에게 문명을 전했던 수메르인들도 함의 자손이다. 히타이트족도, 이집트인도 함의 자손이다. 역사시대 직전의 지중해 문명 전체가 함에게서 나왔다. 함의 자손들의 목록은 문명을 지닌 민족들의 목록과 다르지 않다.

성경은 "주님께서는 사람들의 악이 세상에 많아지고, 그들 마음의 모든 생각과 뜻이 언제나 악하기만 한 것을 보시고 … 마음 아파하셨다"고 말한다. 그러나 노아가 있었다. "노아는 당대에 의롭고 흠없는 사람이었다. 노아는 하느님과 함께 살아갔다." 인류가 등장한 이래로 노아 이전에 의인으로 꼽힐 수 있었던 사람은 아벨과 에녹뿐이었다.

노아는 인류를 파멸에서 구했다. 그리스 전승에 따르면 이 선행은 프로메테우스의 몫이다. 그리스 신화에서 노아에 해당하는 인물 데우칼리온은 프로메테우스의 아들이다. 데우칼리온의 방주를 지칭하는 그리스어 단어와 플루타르코스의 글에서 오시리스의 시신이 들어 있던 관을 지칭하는 그리스어 단어는 동일하다. 그리스도교 전례는 노아의 방주와 십자가를 연관 짓는다.

노아는 디오니소스처럼 최초로 포도 농사를 지은 자였다. "그가 포도주를 마시고 취하여 벌거벗은 채 자기 천막 안에 누워 있었다." 포도주는 빵과 함께 정의와 평화의 왕이자 가장 높으신 하느님의 사제 멜키체덱의 두 손에 들려 있었다. 바로 이 멜키체덱에게 아브라함은 십일조를 바치고 축복을 받았다. 이 인물에 대해서는 《시편》에 전하는 글이 있다. "주님께서 내 주군께 하신 말씀. '내 오른쪽에 앉아라 … 너는 멜키체덱과 같이 영원한 사제다.'"[1] 성 바울로도 그를 두고 "그는 또한 살렘의 임금 곧 평화의

---

1. 《시편》 110편, 1~4절.

임금이었습니다. 그는 아버지도 없고 어머니도 없으며 족보도 없고 생애의 시작도 끝도 없는 이로서 하느님의 아들을 닮아, 언제까지나 사제로 남아 있습니다."[2]라고 했다.

이스라엘의 사제들이 신에게 제사를 올릴 때에는 포도주가 오히려 금지되었다. 그러나 그리스도는 공생애(公生涯)의 처음부터 끝까지 자기 사람들과 더불어 술을 드셨다. 그는 자신을 포도나무의 그루에 비유했는데, 그리스인들에게 포도나무 그루는 디오니소스가 깃든 상징적인 곳이었다. 예수의 첫 이적도 물을 포도주로 바꾼 것이었고 마지막 이적은 포도주를 신의 피로 바꾼 것이었다.

노아는 술에 취하여 자기 천막 안에서 벌거벗었다. 죄를 저지르기 이전의 아담과 이브처럼 벌거벗은 것이다. 아담과 이브는 불복종의 죄를 저지르고 나서 벗은 몸을 부끄럽게 여겼으나 그들 영혼의 수치심은 한층 더했다. 우리 모두는 그들의 죄를 나누고 있기에 그들의 수치심도 나누고 있다. 그래서 우리는 항상 영혼에 사회적인 생각, 육체적인 생각이라는 옷을 신경 써서 잘 덧입혀 놓는 것이다. 잠깐만이라도 그 옷을 치웠다가는 부끄러워서 죽고 말 것이다. 그렇지만 플라톤의 말대로라면 언젠가 그 옷을 버려야 할 것이다. 플라톤은 모든 이가 죽어서 심판을 받는다고, 심판관들이 자신의 죽고 벌거벗은 영혼 자체로써 죽고 벌거벗은 다른 영혼들을 관조한다고 말했다.[3] 몇몇 완전한 존재들만이 지상에서 사는 동안 벌거벗은 채로 죽는다. 아시시의 성 프란체스코가 바로 그런 경우였다. 그의 생각은

---

2. 《히브리인들에게 보낸 서간》 7장, 2~3절.

3. 《국가》 제10권에서 소개하는 에에르의 저승 이야기를 가리킨다. 팜필리아 족의 에에르는 죽었다가 열이틀 만에 살아나 저승에서 자기가 보고 겪은 일을 말해 주는데, 죽은 에에르의 영혼은 다른 영혼들과 함께 부름을 받아 하늘의 구멍과 땅의 구멍 사이에서 심판관들에게 판결을 받는다.

항상 십자가에 달리신 그리스도의 청빈과 벌거벗음에 고정되었다. 십자가의 성 요한은 영의 벌거벗음 외에는 아무것도 바라지 않았다. 그러나 그들은 취해 있었기에 벌거벗음을 견딜 수 있었다. 매일매일 제단에 흐르는 그 술에 그들은 취해 있었다. 아담과 이브를 사로잡았던 부끄러움은 그 술로만 치유할 수 있다.

"함이 아버지의 벗은 몸을 보고 밖으로 나와 형제들에게 그 사실을 알렸다." 그러나 다른 두 사람은 아버지의 벗은 몸을 보려 하지 않았다. 그들은 덮을 것을 챙겨서 천막에 뒷걸음질로 들어가 노아의 벗은 몸을 가려 주었다.

이집트와 페니키아는 함의 딸들이다. 헤로도토스는 여러 전승과 증언을 확인함으로써 이집트에서 종교의 기원을 찾았고, 페니키아인들이 그 전파를 담당했다고 보았다. 헬라스인들의 종교적 사유는 모두 펠라스기인들에게서 왔는데, 펠라스기인들은 그 모든 것을 페니키아인들을 통해 이집트인들로부터 받았다. 《에제키엘서》의 빛나는 한 장도 헤로도토스에게 힘을 실어 준다. 여기서 등장하는 도시 티르(Tyre, 티로)[4]는 에덴동산의 생명나무를 지키는 천사 커룹(케루빔)에 비유되고 이집트는 생명나무 그 자체에 비유되기 때문이다. 그리스도는 이 생명나무를 천국과 비슷한 것으로 얘기했고 그 나무의 열매를 십자가에 매달린 그리스도의 몸으로 보았다.

"티로 임금을 두고 애가를 불러라. … 너는 완전함의 본보기로서 … 하느님의 동산 에덴에서 살았다. … 네가 창조되던 날 … 커룹을 너에게 보호자로 붙여 주었다. … 불타는 돌들 사이를 거닐었다. 너는 창조된 날부터 흠없이 걸어왔다. 그러나 마침내 너에게서 불의가 드러났다."[5]

---

4. 현재 레바논에 위치하는 도시. 개신교 성경에서는 '두로'로 표기한다.

5. 《에제키엘서》 28장, 12~15절.

"파라오와 그의 무리에게 말하여라. 너의 그 큰 모습을 무엇에 비길 수 있으랴? 보아라, 잣나무, 레바논의 향백나무를! … 그 꼭대기가 구름 사이로 뻗어 있다. 물이 그 나무를 크게 하고 … 하늘의 모든 새가 그 가지들에 보금자리를 틀고 들의 모든 짐승이 그 줄기들 밑에 새끼를 낳았다. 많은 민족들이 모두 그 나무 그늘에서 살았다. 그 나무가 크게 자라고 가지들을 길게 뻗어 아름다운 것은 그 뿌리가 큰 물까지 닿았기 때문이다. 하느님의 동산에 있는 향백나무들도 그것과 견줄 수 없고 … 하느님의 동산에 있는 모든 나무가 그 나무를 부러워하였다. … 나는 민족을 이끄는 수령의 손에 그 나무를 넘겨주어 … 이방인들이, 가장 잔혹한 민족들이 그 나무를 베어서 내버렸다. … 세상의 모든 민족들이 그 나무 그늘에서 떠나갔다. … 그 쓰러진 등걸 위에는 하늘의 모든 새가 살고 … 주 하느님이 이렇게 말한다. … 나는 나무 위로 심연을 닫아 나무를 덮고, 심연의 강들을 흐르지 못하게 하여 큰 물을 멈추게 하였다. 그리고 그 나무 때문에 레바논을 어둠으로 뒤덮고, 그것 때문에 들의 모든 나무를 시들게 하였다."[6]

큰 민족들이 여전히 그 나무 그늘에 있었더라면 좋았을 것을! 고대 이집트 이후로는 어떤 곳에서도 인간을 향한 초자연적인 긍휼과 정의가 그토록 정겹고도 애절하게 표현된 바가 없었다. 4000년이나 된 비문은 신의 입에서 나왔다는 이 말씀을 전한다. "나는 모든 인간이 자기 형제와 마찬가지로 자유롭게 숨 쉬도록 네 가지 바람을 만들었다. 가난한 사람도 제 주인처럼 넉넉히 쓰도록 큰 물을 만들었다. 나는 모든 인간을 제 형제와 똑같이 창조하였다. 나는 그들이 죄짓는 것을 금하였으나 그들의 마음이 내 말이 명한 바를 망쳐 버렸다." 부자든 가난뱅이든 그 인간이 오시리스에게

---

6. 《에제키엘서》 31장, 2~15절.

이렇게 말할 수만 있다면 죽음은 그를 영원한 신, 정당성을 입증받은 오시리스로 삼아 주었다. "진리의 주여, 당신께 진리를 가져왔나이다. 당신을 위하여 악을 파괴했나이다." 그러자면 그는 이렇게 말할 수 있어야만 했다. "저는 영광을 위하여 제 이름을 앞세운 적이 없나이다. 누구에게도 나를 위하여 정해진 몫 이상의 일을 하게 하지 않았습니다. 어떤 노예도 주인에게 처벌받게 하지 않았습니다. 아무도 죽게 하지 않았습니다. 사람이 굶어 죽어가게 내버려 둔 적도 없습니다. 아무에게도 두려움을 끼치지 않았습니다. 누구의 눈에 눈물이 나게 한 적도 없습니다. 거만하게 말하지 않았습니다. 의롭고 참된 말을 못 들은 체하지 않았습니다."

인간들에게 초자연적인 비유는 하느님의 연민, 즉 그리스도의 수난을 나누는 것일 수밖에 없다. 헤로도토스는 성소(聖所)에서 매년 물이 가득 찬 원형의 석재 수반(水盤) 옆에서 축제를 벌이는 모습을 보았다. 소위 신 비극이라고 하는 이 축제는 신의 수난을 공연으로 나타낸 것이었다. 이집트인들은 인간은 오로지 죽임 당한 어린양을 통해서만 신을 볼 수 있다는 것을 알고 있었다. 헤로도토스의 말을 믿는다면, 성스러운 인간이자 어쩌면 신이었을 수도 있는 헤라클레스는 대략 2만 년 전에 살았다. 헤라클레스는 함의 손자 니므롯[7]과 동일 인물일지도 모른다. 그는 신과 얼굴을 마주하길 원했기에 대면을 간청했다. 신은 이를 원치 않았으나 기도를 거절할 수 없어서 숫양을 죽여 그 머리를 가면 삼고 그 양털 가죽을 걸친 후에 그에게 나타났다. 테베에서는 매년 이를 기념하여 숫양을 잡고 그 가죽을 제우스 상에 씌우는 동안 사람들은 장례 행렬을 했다. 그다음에

---

7. 《창세기》에 등장하는 힘센 사냥꾼. 플라비우스 요세푸스의 기록에 따르면 니므롯은 홍수로 세상을 심판한 신에게 반항하는 의미로 아무리 큰물이 나도 잠기지 않을 높은 탑을 쌓았다고 한다. 고대 메소포타미아 지방의 주요 도시들을 건설한 인물로 추정된다.

숫양은 신성한 묘소에 묻어 주었다.

신의 두 번째 위격, 힘 있는 창조주 하느님과 구별되면서도 동일한 그분의 지식과 사랑. 그것이야말로 다른 여러 민족들이 함의 딸에 해당하는 나라, 그 놀라운 나무의 그늘 아래서 추구했던 바다. 지혜인 동시에 사랑이요, 온 우주의 주재자이시자 인간을 지도하시는 분, 강생으로 자기 안에 인성(人性)과 신성(神性)을 다 갖추신 분, 중보자이자 고통을 당하시는 분, 영혼들의 대속자이신 분 말이다. 노아가 술에 취해서 함에게 벌거벗은 모습을 보였다면 그 이유는 그가 아담의 자손들이 공유하는 수치심을 잃어버렸기 때문일 것이다.

노아의 벗은 몸을 보지 않았던 야펫의 자손인 헬라스인들은 무지한 상태로 그리스라는 성스러운 땅에 도착했다. 헤로도토스와 그 외 여러 증언들을 참조하건대 그 점은 분명하다. 그렇지만 처음에 도착한 사람들, 즉 아카이아인은 가르침이 주어지는 족족 빨아들이듯 열심히 배웠다.

지고신과 구별되면서도 결국 다르지 않은 신이 허다한 이름으로 위장하고 그들 사이에 숨어 있다. 그러나 편견에 눈이 어두워지지만 않는다면 그런 이름들 이면에서도 신을 발견할 것이다. 이 이름들이 결국 다 오시리스와 동일한 존재를 가리킨다는 사실을 수많은 관계, 암시, 지시가 꽤 분명하게 보여 주기 때문이다. 그 이름들 중 몇 개만 들어보자면 디오니소스, 프로메테우스, 에로스, 천상의 아프로디테[8], 하데스, 코라, 페르세포네, 미노스, 헤르메스, 아폴론, 아르테미스, 세계영혼이 되겠다. 경이로운 성공을

---

8. 플라톤은 《향연》에서 '아프로디테 우라니아'(천상의 아프로디테)와 '아프로디테 판데모스'(지상의 아프로디테, 만민의 아프로디테)를 구분했다. 실제로 출생 자체가 다른 두 여신이 존재한다고 보는 입장이 있는 반면, 동일한 여신에게 다양한 수식어가 붙은 것인데 잘못 해석했다고 보는 입장도 있다.

누렸던 또 하나의 이름은 로고스다. 로고스는 말씀, 아니 관계나 중보에 더 가깝겠다.

그리스인들은 삼위일체의 세 번째 위격, 즉 다른 두 위격 사이의 관계에 대해서도 알고 있었다. 그리스인들에게 지식의 다른 출처는 없었으니 이 지식 또한 이집트에서 왔을 것이다. 이 지식은 플라톤의 대화편 도처에서, 아니 이미 헤라클레이토스에서부터 드러난다. 스토아주의자 클레안테스가 헤라클레이토스에게서 영감을 받아 지었다는 《제우스 찬가》는 삼위일체를 보란 듯이 제시한다.

> … 당신이 무적의 손으로 붙드시는 종의 미덕이 이러합니다.
> 양날을 지닌 불같은 것, 영원히 살아 있는 것, 번개 …
> 그것으로써 당신은 만물 속에서 보편자 로고스를 똑바르게 이끄시니 …
> 그는 참으로 위대하게 나신 분, 우주의 지고한 왕이십니다.

또한 그리스인들은 이시스를 위시하여 그 밖의 여러 이름들로 어떤 여성적 존재를 알고 있었다. 어머니이면서도 영원히 손을 타지 않은 처녀이고, 신과 동일하지는 않지만 그럼에도 신적인 이 존재는 만민과 만물의 어머니요, 중보자의 어머니다. 플라톤도 《티마이오스》에서 이 존재에 대해서 분명하게, 그러나 애정과 경외심을 품고 낮은 목소리로 말한다.

야펫과 셈의 자손에 해당하는 다른 족속들은 함의 자손이 제공하는 가르침을 뒤늦게나마 열렬하게 받아들였다. 켈트족이 그런 경우다. 그들은 갈리아에 도착해서는 전부터 그곳에 분명히 있었던 드루이드들의 교리에 머리를 조아렸다. 켈트족은 갈리아에 나중에 도착했고, 그리스 전승은 갈리아의 드루이드들이야말로 그리스 철학의 기원 중 하나라는 것을 보여 준다. 따라서 드루이드교는 이베리아인들의 종교였을 것이다. 그 교리는 현재 거의 알려져 있지 않지만 피타고라스주의와 흡사한 데가 있다. 바빌로니아인들은 메소포타미아 문명을 흡수했다. 그래도 야만적인 아시리아인들은 별로 자극을 받지 않았을 것이다. 로마인들은 그리스도교의 세례를 받고 다소 인간다워지기 전까지는 영적인 모든 것에 몹시 냉담했다. 게르만 족속들도 그리스도교의 세례를 받고서야 비로소 초자연의 몇몇 개념을 받아들인 듯하다. 그러나 의인들의 무리 고트족은 분명히 예외로 쳐야 한다. 고트족은 게르만계인 동시에 트라키아계이고, 불멸과 내세에 환장했던 유목 민족 게테족과 비슷했다.

이스라엘은 초자연적인 계시를 거부했다. 이스라엘에게 필요했던 것은 영혼에게 은밀히 나타나는 신이 아니라 민족 집단에 임재하며 전쟁에서 지켜 주는 신이었기 때문이다. 이스라엘은 힘과 번영을 원했다. 히브리인들은 오랫동안 이집트와 교류하고 그 땅에 머물렀음에도 불구하고 오시리스, 불멸, 구원, 자비에 의하여 영혼이 신과 동일시될 수 있다는 믿음에 무감각했다. 그 거부가 그리스도를 죽이는 일까지 가능케 했다. 그리스도의 죽음 이후에도, 이산(離散)과 끝없는 환난 속에서도 그 거부는 쭉 이어졌다.

그렇지만 이스라엘은 때때로 빛을 받았다. 그 빛에 힘입어 예루살렘에서 그리스도교가 시작될 수 있었다. 욥은 유대인이 아니라 메소포타미아 사람이었지만 그의 경이로운 말은 성경에 실렸다. 욥은 성경 속에서 신 자체와 인간 사이에서 지고한 중재 역할을 담당하는 중보자를 환기한다. 헤시오도스는 그 역할을 프로메테우스의 것으로 보았다. 히브리인 중에서 그 사연이 잔혹한 표현으로 더럽혀지지 않은 최초의 인물 다니엘은 유배 중에 칼데아의 지혜에 입문했고, 메디아 왕과 페르시아 왕과는 친구로 지냈다. 헤로도토스는 페르시아인들이 신성에서 일체의 인간적 표상을 제거했으나 미트라는 이름으로 제우스와 천상의 아프로디테를 함께 숭배했다고 말한다. 아마도 천상의 아프로디테가 성경에서는 지혜라는 이름으로 등장할 것이다. 고통받는 의인 개념도 유배 중에 그리스, 이집트, 혹은 그 밖의 곳에서 이스라엘로 들어왔다. 나중에는 헬레니즘이 잠시 팔레스타인을 뒤덮었다. 이 모든 일이 있었기에 그리스도는 제자들을 둘 수 있었다. 그러나 그가 얼마나 오랫동안 인내하며 신중하게 그들을 양성해야 했던가! 반면, 에티오피아 여왕의 내시에게는 아무런 준비도 필요치 않았다.[9] 에티오피아는《일리아스》에서 신들에게 선택받은 땅으로 등장하는 나라요, 헤로도토스에 따르면 제우스와 디오니소스만을 숭상하는 나라이자 그리스 신화에서 어린 시절의 디오니소스가 피난처로 삼았다고 하는 나라다. 그 내시는 그리스도의 생애와 죽음에 대한 이야기를 듣고서 바로 세례를 받았다.

당시 로마제국은 우상숭배에 빠져 있었다. 국가가 바로 우상이었다. 로마인들은 황제를 숭상했다. 모든 종류의 종교 생활은 황제숭배에 종속되어야 했고 어떤 종교도 이 우상숭배보다 높아져서는 안 되었다. 로마제국은 갈리아의 드루이드들을 씨도 안 남기고 학살했다. 디오니소스 숭배자들은 통음난무(痛飮亂舞)를 핑계 삼아 살해하고 감금했다. 당시 온갖 난잡한 행실이 공공연하게 묵인되었다는 점을 감안하건대 핑계 같지도 않은

9.《사도행전》에서 필립보가 에티오피아 여왕 간다케의 재정을 맡아보는 내시에게 복음을 전하자 그가 바로 세례를 청하여 받고는 기뻐하며 돌아갔다는 일화를 가리킨다.

핑계였다. 로마인들은 피타고라스주의자들, 스토아주의자들, 그 외 철학자들을 추방했다. 그래서 남은 거라곤 정말로 저열한 우상숭배였으니, 이로써 이스라엘이 초대 그리스도교 신자들에게 전해 준 편견이 우연히 입증되었다. 그리스 비교(秘敎) 사상은 이미 오래전에 타락했고 동방에서 전해진 사상도 대략 오늘날의 신지학(神智學) 정도의 진정성밖에 지니고 있지 않았다.

이로써 이교(異敎)라는 그릇된 개념이 신임을 얻을 수 있었다. 우리는 깨닫지 못하지만 호시절을 누리던 히브리인들이 만약 지금 다시 부활한다면 우상숭배의 죄를 물어 우리 모두를, 요람에서 잠자는 아기들까지 죄다 죽이고 도시를 싹 밀어 버려야겠다는 생각을 맨 먼저 할지도 모른다. 그들은 그리스도를 바알이라고 부르고 성모를 아스타르테라고 부를 것이다.

그리스도교의 본질 자체에 침투한 히브리인들의 편견은 유럽의 뿌리를 뽑았다. 그 편견이 유럽을 천 년의 과거와 단절시키고 종교 생활과 세속 생활 사이에 침투 불가능한 막을 쳤다. 하지만 세속 생활은 이른바 이교 시대부터 전해 온 것이다. 이렇게 뿌리 뽑힌 유럽은 고대 문명과 어떤 영적 유대도 맺지 못하고 넓은 의미에서의 그리스도교 전통 자체와도 분리되면서 더욱더 심하게 그 뿌리가 뽑혔다. 그 후 유럽은 지구상의 모든 대륙으로 쳐들어가 무기, 돈, 기술, 포교를 앞세워 다른 나라들의 뿌리까지 뽑았다. 이제 아마 지구 전체가 과거를 상실한 채 뿌리 뽑혔다고 말할 수 있을 것이다. 신생 그리스도교가 그리스도교를 살해하기에 이르렀던 그 전통을 자신과 분리시키지 못했기 때문이다. 그리고 그리스도의 불같은 분노는 우상숭배가 아니라 바리사이파, 즉 유대 민족과 종교의 회복을 신봉하는 당파에게 쏟아졌다. "너희는 지식의 열쇠를 치워 버렸다." 이 비난의 중요성에 일찍이 주목한 적이 있었던가?

로마의 지배를 받던 유대 땅에서 싹튼 그리스도교는 노아의 세 아들의 정신을 동시에 품고 있었다. 그래서 그리스도교인들끼리 함의 정신과 야펫의 정신으로 나뉘어 수많은 전쟁을 벌였던 것이다. 알비파 전쟁이 바로 그런 경우다. 툴루즈에서 이집트 양식의 로마 조각상들이 출토된 것은 우연이 아니다. 그러나 함께 취하고 벌거벗기를 거부했던 아들들의 정신이 그리스도교인들 틈에도 낄 수 있다면, 그리스도교를 거부하고 노골적으로 셈과 야펫의 덮을 것을 취하는 자들 틈에는 얼마나 더 많겠는가!

많게든 적게든, 직접적으로든 간접적으로든, 의식적으로든 무의식적으로든, 노아와 멜키체덱의 포도주, 그리스도의 피를 함께 나누는 이는 모두 다 이집트와 티르의 형제들이요, 함의 양자들이다. 그러나 오늘날에는 셈과 야펫의 자손들이 더 소란스럽다. 한쪽은 강성하고 다른 쪽은 박해받는다. 그들은 그악스러운 증오심으로 피차 분리되어 있으나 형제지간이고 서로 닮은 점이 많다. 벌거벗음을 거부하는 점, 자기 안의 악을 빛으로부터 보호하기 위해서 육체와 집단의 온기로 이루어진 옷을 필요로 한다는 점이 닮았다. 그 옷은 신을 대수롭지 않게 만들어 신을 부정하든 긍정하든, 진실된 이름으로 부르든 거짓된 이름으로 부르든 아무 차이도 없게 한다. 신의 이름을, 그 이름이 지닌 초자연적인 힘에 영혼이 변화될 거라는 두려움 없이 함부로 부르게 되는 것이다.

동화들이 모두 그렇지만 막내가 가장 경이로운 모험을 하게 되는 세 아들 이야기가 지중해 연안에서 더 먼 곳까지도 적용될 수 있을까? 추측하기는 어렵다. 다만, 그리스 사상과 핵심적인 영감이 놀랄 만큼 흡사한 데가 있는 힌두교 전통이 인도-유럽에서 기원하지는 않았으리라. 만약 그렇다면 헬라스인들은 그리스에 도착하기 전에 이미 문명을 가지고 있었을 터요,

모든 것을 배울 필요도 없었을 것이다. 다른 한편으로, 논노스[10]에 따르면 디오니소스 이야기 전승에는 인도가 두 번 언급된다. 소년 신 자그레우스는 히다스페스라고 하는 인도의 어느 강 유역에서 성장했던 것으로 보인다. 디오니소스도 인도로 원정을 갔었다고 한다. 지나가는 말로 언급해 두자면, 디오니소스는 이 원정 중에 신앙이 없는 어느 왕을 만난다. 디오니소스가 카르멜 산 남쪽에서 무기도 없이 머물러 있는 동안 왕은 군사를 보내어 공격을 한다. 그래서 디오니소스는 홍해로 피신을 할 수밖에 없었다. 《일리아스》도 이 사건을 언급하지만 정확한 위치는 밝히지 않는다. 그곳이 이스라엘이었을까? 어쨌든 디오니소스와 비슈누의 친족성은 명백하며 디오니소스는 바쿠스라는 이름으로도 통한다. 인도에 대해서는 더 이상 말할 수 있는 것이 없다. 아마 아시아 기타 지역, 오세아니아, 아메리카, 검은 아프리카에 대해서도 아무 말을 할 수 없을 것이다.

그러나 지중해에서만큼은 세 형제 전설이 역사의 열쇠가 된다. 함은 실제로 저주를 받았지만 과도한 아름다움과 순수로 인하여 불행해질 수밖에 없었던 만물, 만민과 똑같은 운명을 겪었을 뿐이다. 수 세기 동안 허다한 침략이 있었다. 언제나 침략자들은 자진해서 아무것도 보지 않으려 했던 아들들의 자손이었다. 침략 민족이 현지의 정신, 즉 함의 정신에 숙이고 들어가 그 정신에서 영감을 취할 때마다 문명이 존재했다. 그러나 자신의 거만한 무지를 더 좋아했을 때에는 야만이 존재했고 죽음보다 더 나쁜 암흑이 수 세기 동안 걷히지 않았다.

함의 정신이 이 파도 옆에서 조속히 다시 한 번 꽃을 피울 수 있기를.

---

10. 그리스의 시인으로 《디오니시아카》와 《요한 복음서 해설》을 썼다.

부록

노아가 계시를 받았다는 증거는 또 있다. 성경에 하느님이 노아라는 인물을 통하여 인류와 계약을 맺었다고 기록되어 있기 때문이다. 무지개가 바로 그 계약의 표시다. 신이 인간과 맺은 계약은 일종의 계시일 수밖에 없다.

이 계시는 희생이라는 개념과 관계가 있다. 하느님은 희생 제물에서 올라오는 냄새를 흠향하시다가 다시는 인류를 없앨 생각을 하지 않겠노라 결심하셨다. 그 희생 제물이 대속자였다. 이는 그리스도가 희생 제물이 되심을 예견한 것으로 생각해도 좋을 것이다.

그리스도교인들은 희생제를 미사라고 부른다. 미사는 매일 그리스도의 수난을 반복한다. 그리스도의 시대보다 앞서 나온 《바가바드기타》도 강생한 신의 입을 빌려 이렇게 말한다. "희생 제물은 이 몸에 임한 나 자신이니라." 따라서 희생 개념과 강생(화신) 개념의 관계는 대단히 오래되었으리라 짐작된다.

트로이 전쟁은 함에 대한 두 형제의 증오심을 가장 비극적으로 보여 주는 예에 든다. 야펫은 함을 습격했다. 트로이 진영에는 함에게서 유래한 족속들뿐이다. 반면, 반대편 진영에는 함에게서 유래한 족속이 하나도 없다.

단 하나의 명백한 예외가 확증을 준다. 크레타인들이 그 예외다. 크레타는 함에게서 비롯된 문명의 진주들 가운데 하나다. 《일리아스》에서 크레타인들은 아카이아인 편에 붙는다.

그러나 헤로도토스는 그들이 가짜 크레타인이었다고 우리에게 알려 준다. 그들은 거의 무인도가 다 된 섬에 상륙해서 얼마 살지도 않은 헬라스인들이었다. 그럼에도 불구하고 미노스는 트로이 전쟁에 뛰어든 그들에게 화가 나서 전염병을 내려 달라고 기도했다. 5세기 델포이 신전의 피티아(여사제)는 크레타인들에게 그리스인들과 손잡고 메디아 전쟁에 참전해서는 안 된다고 일렀다.

트로이 전쟁은 한 문명을 깡그리 파괴하려는 시도였다. 그 시도는 성공했다.

호메로스는 항상 트로이를 "성스러운 일리온"이라고 부른다. 트로이 전쟁은 그리스인들의 원죄, 그들의 회한이었다. 그러한 회한 때문에 가해자들은 부분적으로 희생자들의 영감을 물려받았을 것이다.

그리고 도리아인을 제외하면 그리스인은 헬라스족과 펠라스기족이 섞여 있는 상태였던 것도 사실이다. 게다가 그 상태에서는 헬라스족이 침략자들이면서도 사실상 펠라스기족이 지배자였다. 펠라스기족은 함의 후손들이다. 헬라스족은 그들에게서 모든 것을 배웠다. 특히 아테네인들은 거의 순수 펠라스기족이었다.

학자들의 의견이 분분한 두 가설 가운데 히브리인이 기원전 13세기에 이집트에서 탈출했다는 가설을 따른다면 헤로도토스가 지적하는 트로이 전쟁 시기와 같은 무렵이다.

이때부터 단순한 추측 하나가 머리에 떠오른다. 그 무렵 모세가 신께 영감을 받았는지 어땠는지 모르지만 히브리인들이 사막에서 방랑 생활을 제법 했으니 팔레스타인에 들어갈 수 있겠다고 판단했다. 마침 트로이 전쟁 때문에 군사들이 죄다 나라 밖에 나가 있었다. 트로이 사람들은 꽤 먼 곳에 사는 족속들에게까지 지원군을 요청했으니 말이다. 여호수아의 지휘 아래 히브리인들은 무방비 상태의 그곳 주민을 별 어려움 없이, 그리 많은

에세이 211

기적을 필요로 하지 않고도 학살할 수 있었을 것이다. 그러나 어느 날 트로이 전쟁에 나갔던 군사들이 돌아왔다. 그래서 정복은 중단되었다. 심지어 《판관기》 도입부보다 《여호수아기》 결말부에서 히브리인들은 그 땅에 더 깊숙이 진출한 것처럼 보인다. 게다가 분명히 그들이 여호수아와 함께 그 땅의 민족을 다 쓸어버렸다고 했는데, 《판관기》를 보면 도로 그곳 토착민들에게 점령당한 신세다.

그렇게 생각하면 트로이 전쟁이 성경에 아무 흔적도 남기지 않았고 히브리인들의 팔레스타인 정복이 그리스 전승에 아무 흔적도 남기지 않은 것도 이해가 간다.

그러나 헤로도토스가 이스라엘에 대해서 아무 말도 하지 않는 것은 여전히 석연치 않다. 그 당시에는 이스라엘 자체가 언급도 하지 말아야 할 것, 신성모독으로 간주되었던 것이 틀림없다. 리쿠르고스, 무기도 없는 디오니소스를 무력으로 공격했던 그 왕의 이름으로 이스라엘을 가리켰다면 생각해 볼 수도 있는 일이다. 그러나 히브리인들이 유배에서 돌아와 성전을 재건한 후로는 분명한 변화가 있었다.

부 록

J. -M. 페랭에게 보낸 편지(부분)

귀스타브 티봉에게 보낸 편지(발췌)

모르스 슈만에게 보낸 편지(발췌)

J. -M. 페랭에게 보낸 편지
(부분)

… 저는 진리에 반하는 오류를 주장할지라도 항상 자기 생각을 주장해야 한다고 생각합니다. 하지만 그와 동시에 좀 더 진리를 얻고자 부단히 기도해야겠지요. 지성이 좀 더 빛을 받는 순간에 자신의 어떤 의견이라도 버릴 준비는 늘 되어 있어야 합니다. 그러나 그 순간이 오기 전까지는 그럴 수 없습니다.

저는 사유 밖에 있는 교리들의 치밀한 덩어리가 한없이 귀한 것이라고 생각합니다. 그러나 그 덩어리를 믿어 버리기보다는 다만 주의를 기울여야 할 것 같습니다. 그 같은 덩어리 안에서 점 상태의 빛을 분명히 느낄 때가 있습니다. 대개 어두운 부분들을 바라볼 때가 그렇다고 봐야겠지요. 우리는 어두운 부분을 충분히 주의를 기울여 바라보지 않으니까요. '대개'라고 말하는 이유는, 인간으로서 왜곡을 피할 수 없기 때문입니다. 그런 탓에 영감이 깃들지 않는 부분들도 있습니다만, 항상 그런 부분들을 잘못 알지는 않을까 두려워하고 조심해야 합니다. 그 치밀한 덩어리 속에서 터져 나오는 빛이 보일 때까지 어두운 부분들을 응시해야 합니다. 하지만 역시 그 순간이 오기 전까지는 마음을 주지 말고 오로지 주의만 집중해야겠지요. 저는 가장 강렬한 집중, 사랑에 수반되며 기도와 구분되지 않는 집중을 말하는 겁니다. 만약 그 같은 덩어리가 없다면 이미 빛이 드러난 곳만을 보게 될 것이요, 아무 발전이 없을 겁니다.

　예전에는 저에게 충격을 주었지만 지금은 몹시 눈부시게 다가오는 복음서의 구절들이 있습니다. 그러나 그 구절들에 깃든 진리는 제가 예전에 충격적이라고 생각했던 의미와 전혀 비슷하지 않습니다. 제가 그 구절들을 애정을 품고 집중해서 여러 번 읽지 않았다면 그 진리에 도달하지도 못했겠지요. 그러나 제가 저의 견해를 단념했다면, 그 구절들이 담고 있는 빛을 알아차리기 전에 지레 숙이고 들어갔다면, 이 경우에도 진리에는 도달하지 못했겠지요. 아직도 저에게 닫혀 있는 복음서의 다른 구절들이 있습니다. 은총의 도움과 시간이 주어지면 언젠가 그 구절들 또한 집중과 애정으로 거의 투명하게 알 수 있으리라 생각합니다. 가톨릭 신앙의 교리들도 마찬가지고요.

　가톨릭 신앙이 저에게 충만한 빛으로 다가오기는 하지만 다른 종교 및 형이상학의 전통들과 경전들에 대해서도 저의 태도는 동일하다고 말씀드려야겠군요. 처음에 신부님을 뵙고 여타 종교들과 관련한 저의 어려움을 말씀드렸을 때 신부님은 시간이 흐르면 그 어려움이 별로 중요하게 생각되지 않을 거라고 하셨죠. 솔직히 말씀드려 저는 오히려 생각하면 할수록 교회가 그 부분에 대해서 취해 왔던 전통적인 입장을 받아들이기 힘듭니다. 그리고 생각하면 할수록 그 어려움이 더 크게만 느껴집니다. 교회의 전통적인 입장은 다른 종교들을 격하시킬 뿐 아니라 가톨릭 신앙 자체도 격하시킨다고 생각하기 때문입니다. 하지만 이제 그것이 세례를 받기 위해 넘지 못할 장해물은 아닌 것 같습니다. 제 생각이 잘못됐는지도 모르지만 교회의 그러한 태도가 가톨릭 신앙의 본질은 아닐 겁니다. 교회가 천문학, 물리학, 생물학에 대해서, 또한 역사와 비판에 대해서 기존 입장을 바꾸었듯이 그 문제에 대한 태도도 바꿀 수 있겠지요. 저는 심지어 교회가 꼭 그래야만 한다고, 그러지 않을 수 없을 거라고 봅니다.

그 부분에 대해서 말씀드리고 싶은 것이 많지만 자제하겠습니다. 이 말만 덧붙일게요. 성경 자체는 그리스도가 오시기 이전에도, 역사의 여명기에도, 이스라엘에 대한 계시보다 더 상위의 계시가 있었음을 명확히 보여준다고 저는 생각합니다. 멜키체덱의 이야기와 그에 대한 성 바울로의 논평은 그런 의미로 받아들일 수밖에 없지 않나요. 성 바울로가 쓴 글은 멜키체덱이 말씀의 또 다른 강생이 아닐까 생각하게 합니다. 하지만 딱 거기까지죠. "너는 멜키체덱의 서열을 따르는 영원한 사제이니라." 이 구절은 멜키체덱이 그리스도교의 계시와 비슷한 계시, 조금 불완전하지만 어쨌든 동일한 수준에 있는 계시에 결부되어 있음을 명확히 보여줍니다. 반면, 이스라엘의 계시는 아주 저열한 수준에 있지요. 멜키체덱에 대해서는 알려진 바가 없으며 그저 …

귀스타브 티봉에게 보낸 편지
(발췌)

짐작하시겠지만 저는 어제저녁 페랭 신부님이 하신 말씀이 몹시 불편했습니다. 그분께 거짓말을 하지 않으려고 항상 노력하지만 제가 뭔가 그분께 정직하지 못했던 것 같은 기분이 들더군요. 신부님을 실망시킬지도 모른다, 그래서 결국 심려를 끼칠지도 모른다, 그렇게 생각하면 몹시 괴롭습니다. 그분께 애정도 있고, 제가 잘되기를 바라는 그분의 자비로운 마음에 감사드리기 때문입니다. 그러나 신부님께 심려를 끼치지 말자고 제가 교회에 들어갈 수는 없습니다.

…

신부님이 정확히 무엇을 두고 말씀하셨는지는 모르겠어요. 제가 "주님의 충만과 통공한다"고 하셨는데 성인들과 성스러움에 근접한 사람들만이 누리는 그 통공(通功)을 말씀하신 걸까요? 하지만 성사의 위력으로 그렇게 될 수는 없습니다. 아무도 성사에 성스러움을 주는 위력을 부여한 적이 없으니까요. 제가 오늘 저녁 세례를 받는다 해도 내일도 오늘과 마찬가지로 성스러움은 요원할 거라 봅니다. 성사에 참여하지 않아서가 아니라 그보다 더 극복하기 힘든 장해물 때문에, 불행 때문에, 성스러움은 저와 거리가 멉니다. 페랭 신부님이 어떤 가톨릭 신자라도 받았노라 믿을 수 있는 신과의 통공을 말씀하셨다면, 그 또한 저에게 일어날 일로 생각되지 않습니다. 양의 우리(bercail)에 대한 말씀도 마찬가지입니다. 복음서의 의미대로라면 양의 우리는 하느님의 왕국일 텐데, 저는 안타깝게도 그 왕국에서 멀리, 아주 멀리 있습니다. 교회의 품을 가리켜 그렇게 말씀하셨다면 교회 문 앞까지 왔으니 제가 가까이 있는 것은 사실이지요. 그러나 제가 곧 교회에 들어갈 거라는 뜻은 아닙니다. 솔직히 제 등을 살짝 떠밀기만 해도 저는 입교할 수 있을 것 같습니다. 하지만 아직은 어떤 힘도 저를 떠밀지 않습니다. 그 힘을 받지 못하는 한, 저는 무한정 교회 문 밖에 있을 겁니다. 페랭 신부님을 기쁘게 해 드리고 싶다는 마음이 아무리 간절해도 그 추진력을 대신할 순 없습니다. 되레 부당하게 이 마음과 저 마음을 뒤섞지 말아야겠다는 생각으로 저를 다잡을 겁니다.

요즘 저는 교회에 들어가느니 교회를 위해서 죽는 편이 저에게 더 맞을 것 같습니다. 교회가 장차 자기를 위해 죽을 사람을 필요로 한다면 말입니다. 말하자면, 죽음은 아무것도 약속하지 않으니까요. 죽음에는 거짓이 끼어들지 않습니다.

불행히도 제가 어떻게 하든, 교회 밖에 머무르든 교회 안에 들어가든, 거짓말을 하는 것 같은 느낌이 듭니다. 문제는 어디에 사소한 거짓이라도 있는가를 아는 것인데요. 그 문제가 여전히 제 머릿속에 미결 상태로 놓여 있습니다. 정말 안타깝지만 바로 그 부분에 대해서는 페랭 신부님께 조언을 구할 수가 없어요. 그 문제를 제가 생각하는 그대로 신부님께 제시할 수 없기 때문입니다.

제가 좋아하는 사람들을 항상 기쁘게 해 주고 싶은 마음은 간절한데, 정작 제가 늘 근심의 원인이나 계기가 되고 마는 운명입니다.

모리스 슈만에게 보낸 편지
(발췌)

… 영혼의 비루한 부분은 동물의 육체가 자신을 덮치려는 죽음을 피하려 뒷걸음질 칠 때보다 더 거세게 성사에 반발하고 증오와 두려움을 품습니다. … 신을 바라는 마음이 실질적일수록, 그래서 성사를 통해 신과 접촉할수록, 영혼의 비루한 부분은 더욱더 격렬하게 동요합니다. 그 동요는 생살이 불에 닿는 순간 오그라드는 것에 비견될 수 있습니다. 그 동요는 경우에 따라서 주로 반감, 증오, 두려움의 색채를 띱니다. … 영혼의 비루한 부분은 불에 닿아 파괴되지 않으려고, 살아남으려고 절망적으로 몸부림치면서 미친 듯이 이런저런 논거들을 만들어 내지요. 그 논거들에 아무 무기라도 쥐어 줘야 하니, 신학과 부적절한 성사의 위험에 대한 온갖 경고들이 동원됩니다. 영혼이 자신에게 작용하는 이 생각들에 결코 귀 기울이지 않는다면 그 내면의 동요가 한없이 다행스럽습니다. 후퇴, 반항, 두려움 같은 마음의 움직임이 격렬할수록 성사가 영혼 속의 악을 더 많이 파괴하고 영혼을 완전함에 더 가까이 옮겨 놓는 것이 분명하니까요.

옮긴이의 글

이 책은 파야르(Fayard) 출판사가 1966년에 발간한 Simone Weil, *Attente de Dieu*를 우리말로 번역한 것이다. 아주 오래 전, 프랑스어를 전혀 몰랐을 때 학교 도서관에서 이 책의 영문판 *Waiting for God*(translated by Emma Craufurd, Perennial Classics)을 발견하고 들춰 보았을 때부터(제대로 읽지는 않았지만!) 이 책은 내 머릿속에 남아 있었다.

이 책의 내용에 대해서는 아무 말도 덧붙이지 않는 편이 좋을 듯하여 번역자로서의 소회만 간단히 남긴다. 시몬 베유의 저작 두 권을 번역해서 출간하기로 이제이북스와 약속한 것은 아주 오래전의 일이다. 하지만 그렇게 약속한 지 얼마 안 되어 다른 출판사에서 《신을 기다리며》 번역본이 나왔다. 그래서 이 책은 일단 덮어 두고 다른 주저(主著) 《뿌리내림(L'Enracinement)》을 먼저 작업했다. 전업 번역가로서 많은 책을 작업해 보았고 그중에는 이보다 더 어려운 책도 많았지만, 시몬 베유처럼 내 기를 빨아들이는 것 같은 저자는 아무도 없었다. 작업은 딱할 정도로 더뎠다. 미룰 수 있는 한 미뤘고, 외면할 수 있는 한 외면했다.

무던하고 인내심 많은 편집부가 독촉에 나선 후에야 나는 다시 이 책을 본격적으로 붙들었다. 일단 가장 최근에 나온 우리말 번역본을 전혀 보지 않고 처음부터 끝까지 번역을 했고 교정 단계에서 그 번역본을 구입해 참조했다. 그 번역본도 충분히 성실하고 훌륭하다고 생각했으나 일단 구성상의 차이가 있었고, 몇 군데 달리 번역하고 싶은 부분이 보였다. 그래서 이렇게 또 하나의 판본을 내놓는 데 아주 의의가 없지는 않다고 생각한다.

구성상의 차이란, 이 책이 1966년판에 실린 글 전부, 다시 말해 J. -M. 페랭 신부의 서문과 부록(시몬 베유의 편지 가운데 개인적 이유로 전문을 게재할 수 없는 발췌문 세 편)까지 포함하고 있음을 두고 하는 말이다. 반면에 다른 출판사 번역본은 1950년판(La Colombe)을 번역 대본으로 삼았다. 그 판본에는 J. -M. 페랭 신부가 서문을 좀 더 길게 썼고 시몬 베유의 글 하나하나에 자기가 머리글을 다는 식으로 깊이 개입했다. 어쨌든 이제 독자들이 두 판본을 비교하면서 시몬 베유에 대해서 좀 더 많은 것을 알 수 있으니 좋은 일이다.

서문과 부록을 제외하면, 시몬 베유의 글 자체는 두 판본이 동일하다. 이미 좋은 번역본이 나와 있었기 때문에 부족한 초고를 다듬는 데 큰 도움이 되었다. 내가 잘못 생각했던 부분도 있었고, 나라면 이렇게 고치고 싶다 하는 부분도 있었다. 어쨌든 완성된 책에는 내가 그 번역본을 참조해서 수정한 부분은 드러나지 않고 기존 번역을 수정한 부분만 드러날 테니, 나중에 나온 번역은 먼저 나온 번역보다 한없이 유리하다. 그러나 기존 번역본이 내게는 늘 너그러운 조력자처럼 보였고, 그래서 감사한 마음뿐이라는 말을 하고 싶다. 또한 역자의 더디고 미진한 작업과 앓는 소리를 감내해 준 편집부에도 고마움을 전한다.

2015년 3월
이세진